1/09 ✓
11/15(7)

Cómo Recibir Manutención de Niños

*Su Guía Práctica para Cobrar y
Hacer Cumplir la Orden Judicial*

Mary L. Boland
Abogada

SPHINX® PUBLISHING
UNA DIVISION DE SOURCEBOOKS, INC.®
NAPERVILLE, ILLINOIS
www.SphinxLegal.com

Para la traducción de esta obra al español se ha consultado el Diccionario español-inglés/inglés-español de Ediciones Grijalbo S.A./Harper Collins, 3a. edición, 1992, 1993.

Primera Edición, 2007

Publicado por: **Sphinx® Publishing, impresión de Sourcebooks, Inc.®**
Oficina de Naperville
P.O. Box 4410
Naperville, Illinois 60567-4410
630-961-3900
Fax: 630-961-2168
www.sourcebooks.com
www.SphinxLegal.com

Esta publicación está destinada a proporcionarle información correcta y autorizada en relación con la temática del libro. Por lo cual, esta obra se vende con el entendido de que la editorial no se compromete a suministrar servicios legales o contables, ni ningún otro tipo de servicios profesionales. Si se requiere asesoramiento legal u otro tipo de consulta profesional, se deberán contratar los servicios de un profesional competente.

Cita textual de una Declaración Conjunta de Principios aprobada por un comité de la Asociación
Americana de Colegios de Abogados y un comité de editoriales y asociaciones literarias.

Este libro no reemplaza la ayuda legal.

Advertencia requerida por las leyes de Texas.

Library of Congress Cataloging-in-Publication Data
Boland, Mary L.
    Cómo recibir manutención de niños / por Mary L. Boland. -- 1. ed.
        p. cm.
    ISBN-13: 978-1-57248-585-3 (pbk. : alk. paper)
    ISBN-10: 1-57248-585-X (pbk. : alk. paper)
    1. Child support--Law and legislation--United States--Popular works. I. Title.

KF549.Z9B6518 2007
346.7301'72--dc22
                                                    2006101862

Imprentado en Estados Unidos de America
VP — 10 9 8 7 6 5 4 3 2 1

Sumario

Ajustes
Orden de Manutención de Niños Preexistente
Custodia Compartida/Conjunta
Custodia Dividida
Visitas

Factores a Considerar
Las Guías de Su Estado
Cómo Determinar Su Cantidad Guía Básica
Redactando el Acuerdo de Manutención de Niños

Plazo Para Presentar Su Caso
Tramitando Su Caso
Notificación
Solicitud o Petición para Establecer Paternidad
Orden de Manutención Temporal
Solicitud o Petición de Excepción del Cumplimiento de
    las Directrices
Garantía de Pago
Como Responder a una Petición para Manutención de
    Niños

Cómo Iniciar un Caso
El Manejo del Caso
Retención de Ingresos
Revisión Periódica
Los "Padres Morosos Más Buscados"
Padres que Viven Fuera del Estado
Sistemas de Localización de Padres
Liquidación de Seguros
Pareo de Datos de Instituciones Financieras

Introducción

Según el gobierno federal, la manutención de niños es la clave para prevenir que millones de familias caigan en la pobreza. Aún así, cada año, varios millones de padres a quienes se les otorga la custodia no reciben la manutención de niños que ha sido ordenada, y millones más ni siquiera tienen órdenes de manutención de niños. La manutención de niños sin pagar ahora suma más de $107 mil millones.

Aproximadamente la mitad de todos los niños nacidos hoy día en los Estados Unidos vivirá en algún momento en una familia de un solo padre. Según las cifras del censo publicadas en julio de 2006, esto se traduce a aproximadamente, catorce millones de padres que recibieron la custodia en los Estados Unidos. Aunque el número de padres que recibieron la custodia está en aumento, las madres tienen la custodia en más de un 80% de los casos. Casi la mitad de las madres con custodia tienen dos o más niños que cuidar, y aunque más mujeres trabajan a tiempo completo, el criar niños es caro. El nivel de pobreza para las madres con custodia es mucho más alto que el de los padres con custodia. Aún con estos factores, sólo alrededor de un 64% de estas madres tiene órdenes de manutención de niños.

A finales de la década de 1980, el gobierno federal y las leyes estatales comenzaron a facilitar la obtención y la cobranza de la manutención de niños. Hoy en día, muchos padres pactan sus propios acuerdos para la manutención de niños y no contactan a agencias externas de ayuda. Las cifras más recientes muestran que más de un millón de órdenes nuevas de manutención de niños fueron registradas en el año fiscal 2004 solamente, y más de $25 mil millones fueron cobrados. Para estos casos, a menos de la mitad de todos los padres se les pagó la manutención de niños que se les debe. Otro 30% cobra sólo una parte del dinero que se le debe.

¿Quién debe toda esta manutención de niños? ¿Vale la pena intentar cobrarla? A pesar que algunos padres no la pueden pagar, otros que supuestamente "no tienen ingresos" tienen dinero o activos que pueden utilizarse para pagar la manutención de niños. De hecho, de la manutención de niños sin pagar debida por los cinco millones de padres que no han pagado, un 63% demuestra algún ingreso. Algunos padres han resuelto demandas o cobran beneficios federales para sí mismos, tales como Seguro Social y compensación por desempleo, que podrían usarse para pagar la manutención de niños. ¡Más de 160.000 de los padres quienes debían la manutención tenían cuentas bancarias con un supuesto valor de mil millones de dólares! Así que ciertamente vale la pena cobrar su manutención de niños.

La meta de este libro es darle a conocer sus alternativas para intentar obtener y cobrar en base a su orden de manutención de niños. Primero aprenderá qué es la ley de manutención de niños, cómo establecer el porcentaje y cómo obtener una orden judicial para la manutención de niños. El cumplimiento es crítico, y las alternativas para mejorar el cobro de su orden se cubren más adelante.

Capítulo 1

Lo Básico

Cada padre—casado o no—tiene el deber de pagar por el sustento económico de su niño. La manutención de niños es la obligación legal de sustentar a su niño. Esto incluye las necesidades básicas de vida—tales como los gastos de vivienda, alimentos y vestimenta—al igual que los gastos médicos y otros gastos, tales como educación, actividades después de la escuela y vacaciones.

Ambos padres comparten la responsabilidad de pagar por el sustento de su niño. Esto es cierto aún si no hubo un matrimonio, si el padre sin custodia no está involucrado en la vida del niño o si el padre es menor de edad cuando el niño nace.

Si los padres se han casado, la obligación de manutención existe antes, durante y después del matrimonio. La *Uniform Marriage and Divorce Act* (Ley Uniforme de Matrimonio y Divorcio) permite que a cualquiera de los padres en un divorcio o un proceso judicial de manutención de niños se le ordene pagar manutención de niños luego de considerar todos los factores relevantes. Por lo tanto, es una obligación conjunta. En algunos casos, aún al padre que tiene la custodia completa se le puede ordenar el pago de manutención de niño al otro padre mientras el niño lo visita, debido a que la decisión de custodia no responde automáticamente la pregunta de quién debe pagar la manutención.

En un caso inusual, incluso una iglesia fue ordenada a pagar manutención. Un esposo y esposa se unieron a la iglesia y entregaron todas sus posesiones a la iglesia, esperando que la iglesia los sustentara. Cuando la pareja se divorció, el padre fue ordenado a pagar manutención, pero debido a que todos sus activos fueron dados a la iglesia, la corte de apelaciones de Minnesota ordenó que la iglesia lo pague.

La Manutención No Se Puede Renunciar

El derecho a la manutención le pertenece al niño. Por ello es que los padres no pueden negociar para ceder la manutención de niños. No se permite un acuerdo para no buscar la manutención a cambio de la extinción de los derechos paternales o un acuerdo para desistir del derecho a la custodia o a las visitas. (*Swanson v. Swanson*, 580 S.E.2d 526 (Ga. 2003).)

Un juez ha afirmado que "las personas tienen derecho a hacer 'malos negocios', pero los 'malos negocios' no se extienden a la manutención de niños. El 'negocio' no era simplemente un acuerdo que afecta a dos partes independientes. El asunto más crítico constituye los intereses de los niños. Cuando tales intereses se ven afectados, las cortes tienen que asegurar que sean protegidos." (*Ordukaya v. Brown*, 814 A.2d 1138, 1145 (N.J. Super. 2003).)

Sin embargo, una vez un padre asegura una orden de manutención de niños y la cantidad de manutención vence, ésta se considera una deuda al padre que ya proveyó la manutención. Por ello es que la manutención vencida (atrasos) puede estar sujeta a negociación como cualquier otra deuda, pero la manutención actual debe pagarse hasta que la misma se modifique o termine.

Un padre no puede negociar para ceder los derechos de su niño a un nivel razonable de manutención. Por lo tanto, una orden de manutención actual no está sujeta a negociación por los padres. Por ejemplo, un padre no puede acordar no visitar a cambio de una exención de la manutención. Sin embargo, cuando un padre deja de pagar la manutención de niños, en efecto, el otro padre paga una doble porción. Esta cantidad vencida puede estar sujeta a negociación por los padres, porque la misma se debe al padre como reembolso de sus gastos.

Factores Considerados

La manutención de niños se determina examinando la habilidad de ambos padres de pagar y midiendo los requisitos de manutención del niño. Cada estado examina y sopesa los factores de manera diferente en base a las guías legales de manutención de niños vigentes en ese estado específico. Estas guías se cubren en mayor detalle más adelante en el libro.

Por supuesto, cuando los padres llegan a un acuerdo sobre la manutención de niños, frecuentemente acuerdan una cantidad por encima de las guías básicas de su ley estatal. Esto se debe a que las guías son cantidades mínimas de ingresos y los padres que tienen los medios frecuentemente acuerdan que el proporcionar a su niño un estándar de vida cómodo requiere una cantidad de manutención por encima de lo que las guías disponen.

La cantidad de manutención está basada en un número de factores, utilizadas con el propósito de proporcionar bienestar al niño. Los factores más comunes incluyen:

- recursos financieros para el niño y los padres;
- la condición física y emocional del niño; y,
- las necesidades educativas del niño.

Las guías estatales también toman en cuenta estos artículos en sus programas de pago.

> **NOTA:** Tenga en cuenta que si los padres estuvieron casados, la mala conducta durante el matrimonio generalmente no será considerada para determinar la manutención de niños.

Recursos Financieros

Cualquier orden de manutención de niños, para poder hacerse cumplir, debe tomar en consideración la habilidad de los padres de pagar la cantidad debida. Los recursos financieros son mucho más que sólo los ingresos. También se considerarán los activos de los padres (cuentas bancarias, propiedades, etc.) y los estándares de vida. Las guías de los estados toman en consideración los gastos de subsistencia razonables y necesarios de un padre al determinar la orden de manutención de niños.

Necesidades del Niño

Las necesidades del niño son quizás el factor predominante para determinar la manutención de niños. Las guías estatales toman en cuenta un nivel básico de necesidad. Necesidad significa más que simplemente los requisitos básicos de vida, pero no incluye gastos innecesarios.

Si los padres estuvieron casados, una corte puede considerar el estándar de vida que el niño tenía antes del divorcio o la separación de los padres. Si éste es el caso, la determinación de manutención del niño intentará mantener este estándar de vida para el niño.

Seguro de Salud

El cuidado de salud es un elemento requerido de todas las guías estatales. Si los padres no acuerdan en proporcionar un seguro de salud, una corte ordenará que éste se pague sin tener en cuenta cuál padre tiene la custodia.

En determinar cuál padre debe tener la obligación de inscribir al niño o de mantener tal seguro a nombre del niño, la corte considera el programa de seguro de salud individual, grupal o de empleado de cada padre, el historial de empleo, el ingreso personal y otros recursos. A menos que se llegue a un acuerdo de partes, la determinación de quién paga las primas de seguro de salud la hace la corte o una agencia administrativa, luego de considerar tales factores. El costo de las primas de seguro de salud incurridas a nombre del niño debe añadirse a la cantidad básica de manutención de niño.

Otros estados proveen una asignación de cobertura de seguro de salud. Esto significa que se presenta una orden

judicial que requiere que el empleador del padre sin custodia (u otra persona que le provea seguro médico al
padre sin custodia) inscriba al niño en el plan de seguro
de salud del padre. La orden también autoriza al empleador del padre sin custodia a deducir el costo de las primas del seguro de salud del sueldo del padre sin custodia.

Los estados también proveen la adjudicación de gastos
médicos extraordinarios cuando se lo considere apropiado. En Kentucky, por ejemplo, esto incluye servicios
médicos, quirúrgicos, dentales, ortodónticos, optomé-
tricos, de enfermería y de hospital.

Gastos de Educación

Los gastos razonables de la educación de un niño pueden acordarse, o la corte puede ordenar a uno o ambos
padres pagar por la educación de un niño. Algunas cortes limitan estos gastos a la educación pública, pero
cuando una parte tiene la habilidad de pagar, la corte
puede ordenar el pago para el costo de una escuela privada e inclusive de un internado.

A pesar que una educación universitaria podría no ser
considerada una necesidad por algunas cortes, si el
padre tiene la habilidad de pagar, las partes pueden
acordar en sustentar al niño luego de la escuela secundaria, a través de la escuela técnica o la universidad.
Esto frecuentemente depende de las habilidades acadé-
micas y los intereses del niño, y puede requerir que el
niño mantenga cierto promedio en sus notas. En la
mayoría de los estados, una corte tiene el poder de
ordenar el pago de los gastos de educación para un niño
si el padre tiene la habilidad de pagar.

NOTA: Una ley de Nueva Hampshire del 2004 pro-híbe que una corte ordene a un padre a pagar por los gastos más allá de la escuela secundaria en la ausen-cia de un acuerdo entre las partes. (Vea N.H.R.S.A. 461-A:14.)

Otros Gastos

Los padres también pueden acordar, o la corte puede ordenar, que un padre pague por varios gastos para un niño, tales como campamentos de verano y los gastos de vacaciones. Un artículo común en la categoría de "otros" es el costo del cuidado de niños mientras uno de los padres esté completando su educación o buscando empleo. Las guías de muchos estados consideran esto como un ajuste a la obligación de manutención. Además, las guías de todos los estados consideran los gastos extraordinarios y le permiten a las cortes hacer ajustes basados en los mejores intereses del niño.

Consecuencias Tributarias

Bajo la ley tributaria federal actual, los pagos de manu-tención de niños no son ni deducibles por el padre que los paga ni tributables para el padre que los recibe. La ley tributaria presume que el padre con la custodia tiene derecho a tomar la exención tributaria por el niño. Si el padre que paga que no tiene la custodia desea tomar la deducción, el padre con la custodia debe firmar un formulario (Formulario 8332) o una declara-ción similar acordando no reclamar la exención del niño. Este acuerdo puede cubrir un año, varios años (tales como años alternos) o todos los años futuros.

En algunos estados, los beneficios tributarios federales y estatales del padre que reclama la Exención de Dependencia de Niños son considerados al hacer la adjudicación de la manutención de niño. Debido a que las reglas sobre ingresos cambian periódicamente, verifique con su oficina local del Servicio de Rentas Internas (Internal Revenue Service, IRS) a fin de solicitar el formulario y los requisitos de solicitud o petición. Para encontrar esta información, vaya a www.irs.gov/español o busque en la guía telefónica bajo "Agencias Gubernamentales" para encontrar la dirección de la oficina local del IRS.

Elegibilidad para Manutención de Niños

Cualquier padre o persona que tiene custodia de un niño es elegible para solicitar una orden para la manutención de niños. Esto incluye a los abuelos, tías, tíos o cualquier persona que tiene custodia de un niño. Tenga en cuenta, sin embargo, que cuando solicita manutención de niños, el otro padre puede a veces contrarrestar con una solicitud o petición de custodia o de visita. Si esto ocurre, usted debería consultar a un abogado.

Métodos para Solicitar Manutención de Niños

Existen dos métodos para obtener la manutención de niños. Usted puede presentar su propio caso o puede buscar asistencia a través de la agencia pública competente, designada para establecer y cobrar la manutención de niños en su estado.

Usted puede presentar un caso independiente para establecer una orden de manutención de niños. En este caso, también debe establecerse la paternidad. La manutención de niños también se plantea como parte de los procesos judiciales de divorcio, las acciones de custodia y los casos de paternidad. En los procesos judiciales de divorcio, algunos estados combinan la manutención de niños con la manutención para un cónyuge en una orden de manutención familiar.

Una solicitud o petición para servicios de cumplimiento de manutención de niños puede presentarse ante una agencia estatal a través de su agencia de cumplimiento de manutención de niños local. En algunos estados, usted puede también contactar a la oficina local del fiscal de distrito o al procurador general del su estado. En este caso, la agencia establecerá la paternidad, si fuera necesario, con la orden de manutención.

El Rol del Gobierno Federal en la Manutención de Niños

El gobierno federal ha tomado un rol activo en fomentar el cobro de la manutención de niños. Comenzando en la década de 1970 y hasta el día de hoy, el Congreso de los Estados Unidos ha aprobado numerosas leyes para mejorar el cobro de la manutención de niños.

La *Federal Office of Child Support Enforcement* (Oficina Federal de Cumplimiento de Manutención de Niños) dirige y guía a las agencias estatales de manutención de niños y financia varias iniciativas para mejorar las prácticas locales de manutención de niños. Algunas de las iniciativas federales principales incluyen el servicio de localización de padres (el cual compara la información sobre padres que dejan de pagar con información recopilada por el *Internal Revenue Service*, (Servicio de Rentas Internas), la *Social Security Administration, Veterans Affairs, Department of Defense*, y la *Federal Bureau of Investigations* (Administración de Seguro Social, Asuntos de Veteranos, Departamento de Defensa y la Oficina Federal de Investigaciones). El registro de casos federales recopila información acerca de todos los nuevos empleados en el país. Varias leyes federales permiten la intercepción del reembolso de impuestos y denegaciones de pasaportes a los padres que fallan en sus pagos. Finalmente, la comparación de datos con instituciones bancarias y financieras también puede ayudar a localizar a los padres que no pagan. En el capítulo 7 se provee más información acerca de estos y otros programas que están siendo utilizados por las agencias estatales.

El gobierno federal también toma un papel activo en investigar y enjuiciar a algunos de los peores infractores de la ley. El grupo de trabajo del proyecto *Save Our Children* (Salvemos Nuestros Niños) existe desde hace siete años y ha enjuiciado a más de setecientas personas, lo cual ha resultado en el cobro de $21 mil millones de dólares de manutención de niños para familias.

El Rol de las Agencias de Manutención de Niños

Cualquier persona, bajo asistencia pública o no, puede buscar los servicios de una agencia de manutención de niños. Cada estado tiene un programa de cumplimiento de manutención de niños, el cual típicamente está albergado en el departamento de servicios humanos o en la oficina del procurador general del estado. Las agencias de manutención de niños ayudan a los padres a establecer sus derechos legales para con un niño y establecer las cantidades de manutención de niños. Éstas típicamente no asisten en la obtención de custodia o de órdenes de visita.

Aunque el programa está abierto a cualquier persona con derecho a una orden de manutención de niños, el programa asiste con más frecuencia a las personas que han recibido beneficios públicos a través del programa de *Temporary Assistance for Needy Families* (Asistencia Temporal para Familias Necesitadas, TANF), el cual anteriormente llevaba el nombre de *Aid to Families with Dependent Children* (Ayuda para Familias con Niños Dependientes, AFDC). Bajo este programa, la ayuda pública se paga a las familias y los destinatarios asignan al gobierno el derecho a cobrar la manutención de niños. Si una familia recibe beneficios de asistencia pública y los padres no están casados, la agencia de manutención de niños apropiada debe establecer la paternidad legal. La ley federal de asistencia social (*Personal Responsibility and Work Opportunities Reconciliation Act of 1996* o Ley de Reconciliación de Responsabilidad Personal y Oportunidad de Trabajo de 1996) requiere que las madres cooperen en establecer la paternidad para poder recibir ayuda.

Las personas que reciben asistencia pública, tales como aquellos en Medicaid o que reciben TANF, son elegibles para recibir los servicios de las agencias estatales de manutención de manera gratuita. Muchos estados les cobran un pequeño honorario a las personas que no reciben ayuda estatal.

Por Ejemplo: Texas le cobra a los padres que reciben más de $500 al año y nunca han recibido asistencia pública, pero que usan los servicios de las agencias estatales de cumplimiento de manutención, un honorario anual de $25. Texas también cobra $10 por usar los servicios de localización de padres y $3 por procesar el caso.

Algunos estados no cobran por la tramitación por vía administrativa, mientras otros permiten que el honorario se pague a plazos. Los estados también le permiten a un padre solicitar una exención de los honorarios al presentar una solicitud o petición que explica por qué él o ella no puede pagar por los honorarios y los costos de seguir el caso.

Es importante recordar que si usted busca la ayuda de una agencia, los trabajadores—incluyendo cualquier abogado asignado a su caso—trabajan para los intereses del estado y no los suyos personales. También puede haber una acumulación copiosa de casos. Vea el capítulo 6 en este libro para mayor información de cómo trabajar con su agencia de manutención de niños.

Abuso Doméstico

Muchas víctimas de violencia doméstica tienen derecho a la manutención de niños, pero temen por su seguridad al buscarla. En una serie de estudios hechos en Colorado sobre mujeres en busca de asistencia pública, un 40% tenía antecedentes de haber sufrido violencia doméstica y un 24% reveló estar sufriendo abuso actualmente. De las madres que reportaron abuso por los padres de sus niños: un 81% reportó haber sido pegada o apaleada; un 69% enfrentó amenazas de daño o muerte; un 58% reportó haber sido aislada de sus niños; un 57% reportó haber sido seguida al intentar irse; un 44% reportó haber sido impedida de trabajar; y un 34% reportó haber sido amenazada con un arma.

Algunas madres abusadas cambian sus residencias, se mudan fuera del estado o se quedan en un refugio para mujeres maltratadas para escapar a sus abusadores. Los abusadores también amenazan con violencia adicional, reclamos de custodia vengativos o secuestro de niños para evitar pagar la manutención de niños.

En estos casos, existe una excepción que no requiere que la madre asista en identificar al padre de sus niños para propósitos de asistencia pública. Generalmente, la oficina de manutención de niños no intentará establecer paternidad y cobrar la manutención en aquellos casos en los que se determina que el padre que recibe la asistencia pública tiene buena causa para rehusarse a cooperar. Esto le permitirá a la oficina cerrar el caso.

La agencia de asistencia pública está obligada a proporcionarles a los solicitantes de asistencia pública con materiales escritos que explican su derecho a solicitar una excepción de buena causa. Las agencias de asistencia pública están ubicadas en la guía telefónica bajo "Oficinas Gubernamentales" o "Agencias Gubernamentales" y la mayoría tiene sitios en la Web. Por ejemplo, en Illinois, el *Department of Public Aid* (Departamento de Asistencia Pública) administra el programa de asistencia pública. Los materiales de buena causa frecuentemente se incluyen con los formularios de solicitud o petición y los documentos que explican los requisitos de cooperación con el cumplimiento de la manutención de niños. Las explicaciones escritas de las excepciones de buena causa frecuentemente incluyen una lista de las excepciones y la evidencia necesaria para establecer la excepción, tales como los historiales médicos, informes policíacos u órdenes judiciales.

Por Ejemplo: En Minnesota, usted no tiene que cooperar si puede documentar que el establecimiento de paternidad resultaría en daño físico o emocional para el niño o en daño físico o emocional para usted, el cual reduciría su habilidad de cuidar a su niño, o que el niño nació como resultado de incesto o violación.

Usted necesita presentar un reclamo por escrito ante la agencia de asistencia pública en un formulario provisto por el comisionado de servicios humanos. Después de presentar el reclamo escrito, usted tiene veinte días para proporcionar evidencia de su reclamo. Es posible obtener una extensión de este límite de veinte días si la agencia pública cree que usted está intentando proporcionar la evidencia. Usted puede solicitar que la agencia de manutención de niños o de asistencia pública le ayude con la evidencia.

Si usted ha sufrido de abuso doméstico, ya sea que busque la ayuda de una agencia o pase por el proceso por su cuenta, asegúrese de solicitar la confidencialidad de su información personal para evitar que ésta sea divulgada al abusador. Antes de presentar cualquier formulario, verifique con la agencia estatal para su asistencia, a fin de obtener los documentos de confidencialidad necesarios.

Capítulo 2

Cómo Establecer la Paternidad

La paternidad (el estado de ser padre) debe ser reconocida legalmente para poder obtener una orden de manutención de niños. Generalmente es fácil identificar la madre. Cuando los padres están casados, si el niño nace durante el matrimonio, ese niño se presume ser del esposo y la esposa. Sin embargo, éste no es el caso cuando los padres no están casados. Para que el padre biológico sea considerado el padre bajo la ley, éste debe establecer la paternidad. Una vez que se establece la paternidad, un hombre se vuelve el padre legal de ese niño, con el derecho de tener u obtener la custodia, el derecho a la visita o para su crianza.

El niño también gana ciertos derechos. El tener dos padres legales le permite al niño ser elegible para cuidados médicos, Seguro Social, beneficios de veteranos y derechos de herencia de ambos padres. Los niños también se benefician de conocer las historias biológicas, culturales y médicas de ambos padres.

Existen tres maneras básicas de puede establecer la paternidad:
1. presunción;
2. reconocimiento; u,
3. orden judicial o administrativa.

Presunción de Paternidad

Cuando los padres están casados, el padre y la madre son, por ley, los presuntos padres del niño. En la disolución del matrimonio, si el padre intenta disputar la paternidad, una corte podría no permitirlo. La mayoría de las cortes requieren que el supuesto padre actúe rápidamente para presentar tal impugnación.

La *Uniform Parentage Act* (Ley de Paternidad Uniforme), la cual ha sido adoptada por casi la mitad de los estados, estipula que las cortes pueden suponer la paternidad si el hombre abiertamente trata al niño como suyo y permite que el niño viva con él.

Por Ejemplo: En California, aún si los padres no están casados, se presume la paternidad si el niño vive con el padre y el padre abiertamente trata al niño como su hijo natural. En el caso de *In re Nicholas H.*, 46 P.3d 932 (2002), el novio concubino de la madre fue nombrado en el certificado de nacimiento, aunque éste sabía que él no era el padre del niño. Aún así, el niño llevó el nombre de él y los padres vivieron juntos.

Eventualmente, el padre buscó la custodia debido a la naturaleza continua de los problemas de drogadicción de la madre. Durante la disputa por la custodia, la

Corte Suprema de California determinó que se man-
tendría la presunción de paternidad por conducta.

Reconocimiento de Paternidad

Si los padres no están casados, todos los estados tienen
un proceso mediante el cual es muy fácil reconocer la
paternidad. El reconocimiento será aceptado en cada
estado. Cuando el niño nace en un hospital o en un
centro de parto, el padre puede reconocer la paternidad
en el acto.

Por Ejemplo: En Pennsylvania, cuando los padres no
están casados, los hospitales o centros de parto le
dan a los padres la oportunidad de reconocer la
paternidad del niño completando un formulario en
el nacimiento del niño. Este formulario, llamado
declaración jurada, debe firmarse y ser presenciada
por ambos padres.

Los estados utilizan diferentes nombres para los formularios usados para reconocer la paternidad. El formulario puede ser llamado *Acknowledgment of Paternity* o
Recognition of Parentage (Reconocimiento de
Paternidad). A los padres se les proporciona una explicación escrita de los deberes y derechos de los padres
que emergen al firmar el formulario. Los números de
Seguro Social de ambos y las direcciones de ambos
padres están incluidos en el formulario. Si los padres
firman en el hospital, el nombre del padre irá en el certificado de nacimiento y la madre no necesita recurrir
a la corte para demostrar la paternidad para el niño. Los
padres obtienen una copia y el hospital envía copias al
departamento estatal correspondiente, tal como el

Department of Public Welfare (Departamento de Bienestar Público).

> **NOTA:** Tenga en cuenta que el formulario será un documento con múltiples partes, así que puede que no sea posible usar un formulario descargado del Internet.

Los padres que no firman un reconocimiento de paternidad en el nacimiento de su niño aún pueden firmar el formulario en una oficina de cumplimiento de manutención de niños, el departamento de salud local o la oficina que maneja los registros demográficos, tales como los registros de nacimiento. Si los padres firman la declaración después que se ha expedido el certificado de nacimiento, un nuevo certificado de nacimiento puede expedirse con el nombre del padre.

Por Ejemplo: En California, si los padres no firman el formulario en el hospital, los padres pueden firmar y notariar el formulario, y luego enviarlo al Departamento de Servicios Sociales después del nacimiento del niño.

Se cobrará un honorario por añadir el nombre del padre al certificado de nacimiento. Sin embargo, es importante enmendar el certificado de nacimiento. Por ejemplo, si el padre luego tiene custodia del niño e intenta inscribir al niño en la escuela, se hace difícil cuando no se tiene un certificado de nacimiento que lo nombre a él como el padre del niño.

Si el padre vive o se muda fuera del estado, la paternidad aún puede reconocerse o determinarse completando los formularios necesarios en su estado y enviándolos al padre al lugar donde vive.

Rescindir un Reconocimiento

Existen casos en los cuales un hombre reconoce la paternidad, pero más adelante cree que el niño no es suyo. Muchos estados proveen procedimientos por los cuales un hombre puede cancelar su reconocimiento de paternidad. Algunos estados tienen fechas límites bastante cortas para poder hacer esto. En algunos estados, esta cancelación puede hacerse completando un formulario y enviándolo a la agencia apropiada. Puede haber un segundo formulario, a veces llamado una *Rescission of Paternity* (Renuncia de Paternidad), que puede firmarse dentro de treinta o sesenta días. Estos formularios generalmente están disponibles en las oficinas locales de manutención de niños, los departamentos de estadísticas demográficas y las oficinas del secretario del condado.

Algunos estados requieren que un padre que previamente ha reconocido la paternidad presente un caso ante la corte para resolver este asunto. Éste es el proceso sugerido en la *Uniform Parentage Act* (Ley de Paternidad Uniforme, 2000) que ha sido adoptado por varios estados. Bajo la Ley, si la madre o el padre busca rescindir el reconocimiento, se debe presentar una demanda y el caso procede como un caso de disputa de paternidad.

El padre también puede disputar la paternidad más adelante en un proceso judicial, pero puede ser más difícil de lograr. Por ejemplo, algunos estados permiten que se haga una prueba de ADN sólo hasta que el niño tenga 2 años de edad. En otros, el caso debe presentarse antes que el niño cumpla los 18 años.

Por Ejemplo: En Minnesota, luego de sesenta días, una corte puede invalidar el Reconocimiento de Paternidad si hay evidencia que el documento era fraudulento o fue firmado bajo un supuesto equivocado, o el padre nombrado lo firmó bajo coerción.

Una corte no suspenderá una orden de manutención de niños mientras el padre intenta litigar su caso.

Orden Judicial o Hallazgo de Paternidad

Si el padre no reconoce voluntariamente la paternidad y no se presume ser el padre legal, entonces el asunto debe demostrarse en corte o ante un oficial de audiencias. Cada estado provee los requisitos para establecer que la persona es el padre del niño. Independientemente de si la madre está de acuerdo o no, un hombre que cree que él es el padre de un niño también puede presentar su propio caso para establecer paternidad.

Para establecer paternidad, usted necesitará el nombre, número de Seguro Social, dirección y número de teléfono (si lo conoce) del padre biológico, al igual que el certificado de nacimiento del niño. La mayoría de los estados requieren que se establezca paternidad por la preponderancia de evidencia, lo que significa que la paternidad (o la falta de paternidad) es más probable que lo contrario. Colocando este estándar en términos numéricos, significa que tiene que debe pesar un 51%

evidencia en un Falla Favorable a la paternidad. Algunos estados insisten en un estándar más alto, claro y convincente. Esto puede traducirse ligeramente en un 75% de peso sobre la evidencia, y es un estándar más difícil de cumplir que el proporcionar una preponderancia de evidencia.

Pruebas de ADN

Para establecer paternidad en un caso disputado, generalmente se requerirá que el padre, la madre y el niño se sometan a pruebas de ADN para demostrar maternidad y paternidad. Hoy en día, cuando la paternidad está en duda, el ADN puede proporcionar resultados con pruebas de sólo el padre y el niño. Los resultados son muy precisos. Con las pruebas apropiadas, la mayoría de los casos se deciden basados en la evidencia científica.

La prueba de ADN incluye la recolección de sangre o de hisopos de los individuos bajo análisis. Dependiendo de la prueba, se extrae sangre del brazo de cada persona o se frotan hisopos contra el interior de la mejilla de cada persona para recolectar células. La mayoría de las muestras pueden tomarse en cualquier momento luego del nacimiento del niño. Los resultados de las pruebas tardan varias semanas. Hay equipos para pruebas caseras disponibles en el Internet por unos pocos cientos de dólares o menos.

El ADN es el material genético en las células de su cuerpo. En el momento de concepción, cada persona recibe la mitad de su material genético, o ADN, de su madre biológica y la otra mitad del padre biológico.

Comparando los perfiles de ADN de la madre, el padre y el niño, se puede determinar quiénes son los padres. Las pruebas de ADN son muy confiables (hasta un 99%) en determinar si un hombre es o no el padre biológico. En la mayoría de los estados existe una presunción de paternidad si los resultados muestran una probabilidad de paternidad de 97% o más.

La corte puede imponer pagos contra la persona que refuta la paternidad, pero lo hará en base a la capacidad de pago. Esto incluye la madre o el padre en disputa. Si las pruebas muestran que el hombre es el padre, puede que él sea obligado a pagar por los honorarios de la prueba, los cuales pueden ser entre $250–$400. Si las pruebas muestran que él no es el padre, la corte puede obviar o dividir los costos entre las partes. En casos presentados por una agencia de manutención de niños, la agencia generalmente paga el honorario, pero podría buscar recuperar los costos más tarde.

Si el alegado padre se niega a tomar la prueba de ADN, la paternidad puede establecerse aún aplicando las presunciones discutidas arriba o por defecto. Sin embargo, una corte puede ordenar que el padre se someta a la prueba o a riesgo de estar considerado en desacato de la corte.

Leyes de Bienestar y Paternidad

La ley federal de asistencia social (*Personal Responsibility and Work Opportunities Reconciliation Act of 1996*, Ley de Reconciliación de Responsabilidad Personal y Oportunidades de Trabajo de 1996) requiere que las madres cooperen en establecer la paternidad para poder recibir ayuda. Los estados requieren que los padres que reciben asistencia cooperen en identificar y localizar el padre de un niño para el cual se reclama ayuda. Esto significa que los padres podrían tener que presentarse en su oficina local de manutención de niños para proporcionar información y documentos. Se debe completar una solicitud o petición para los servicios de manutención de niños. Una parte de la información solicitada acerca del padre que no tiene custodia incluye:

- nombre, fecha de nacimiento y número de Seguro Social;
- nombre y dirección del empleador actual o más reciente;
- nombres de amigos y familiares;
- nombres de grupos u organizaciones a las cuales él o ella puede pertenecer;
- información acerca de sus ingresos y activos, tales como el nombre y dirección del empleador más reciente, planillas de pago, declaración de impuestos, cuentas bancarias, inversiones o resoluciones de propiedad;
- descripción física;
- certificado de nacimiento del niño;
- si la paternidad está en disputa, cualquier material escrito en el cual el padre dice o implica que el niño suyo es;
- cualquier orden de manutención de niños; y,
- un certificado de matrimonio, asicomo cualquier decreto o fallo judicial del divorcio o de la de separación legal.

El padre con custodia también puede ser obligado a presentarse en una audiencia y proporcionar testimonio.

Por Ejemplo: En California, el Departamento de Manutención de Niños abre un expediente y le asigna un asistente social a cualquier padre con custodia que recibe asistencia. Una vez que se abre el caso, un asistente social envía una carta al padre con custodia para una cita tan pronto se localice al padre o la madre nombrada. El asistente social le explica el proceso legal a ambas partes. Si el padre ha firmado un Formulario de Reconocimiento Voluntario de Paternidad, se prepara una petición para establecer la manutención y se lo presenta ante la corte.

Si el padre sin custodia solicita una prueba genética, el caso no se presenta ante la corte hasta que se reciban los resultados de la prueba. Si el padre nombrado resulta ser el padre biológico, se presenta un caso judicial para establecer la paternidad y determinar la cantidad de la orden de manutención o las partes llegan a una orden acordada. Si se determina que el supuesto padre no es el padre biológico, la acción legal se anula. Cuando resulta que el supuesto padre no es el padre legal, no se puede ordenar una orden de manutención.

Capítulo 3

Cómo Calcular la Manutención de Niños

Bien sea que usted está obteniendo una orden de manutención de niños por primera vez o está reevaluando su orden actual para ver si califica para un cambio, es de utilidad que usted entienda cómo se calcula la manutención de niños.

Todos los estados tienen guías que ayudan a determinar la cantidad básica de manutención para un niño. No existe una guía única modelo en cada estado, pero los estados generalmente publican sus principios rectores en sus guías. Es importante notar que en cada estado se requiere que las guías se revisen al menos cada cuatro años, así que pueden cambiar periódicamente. Algunas cortes proporcionan calculadoras computarizadas que pueden determinar la cantidad de manutención para su estado.

Por Ejemplo: En cortes específicas en California, el público puede acceder a computadoras en la corte que pueden calcular la manutención basada en la información ingresada.

Si usted está investigando las guías de su estado, asegúrese que está utilizando la versión más reciente de las guías. Se presume que la aplicación de las guías resultará en la cantidad correcta para una orden de manutención de niños.

Los padres pueden acordar en una manutención de niños que está fuera de estas guías. Mientras que los padres pueden acordar en desviaciones, cualquier modificación debe revisarse antes de ingresarse en la orden de manutención de niños, debido a que la máxima consideración debe ser el de los mejores intereses del niño. Aunque pueden hacerse, y frecuentemente se hacen, ajustes a las cantidades de las guías, generalmente una corte (o una oficina administrativa, si le es permitido) debe presentar una declaración escrita que la aplicación de las guías sería injusta o inapropiada en un caso particular.

Cada estado enumera sus propias razones para sobrepasar las guías. Éstas comúnmente incluyen:
- gastos por cuidado infantil;
- gastos médicos y dentales (no cubiertos por un seguro médico);
- necesidades educativas (escuela especial, tutorías, terapia de fonoaudiología);
- campamento de verano, equipos deportivos y actividades después de la escuela; y,
- un ingreso adicional para el padre sin custodia.

Cada estado también incluye razones por las cuales una orden de manutención de niños podría caer por debajo de las guías. Razones comunes incluyen:
- custodia compartida o dividida de los niños;
- arreglos de tiempo de crianza extendido;

- alto costo de transporte para las visitas al niño;
- alto ingreso del padre sin custodia;
- el deber del padre sin custodia de mantener una segunda familia;
- división de propiedad como parte de un divorcio; y,
- un ingreso significativo del niño (tal como el de una herencia).

Cada estado enumera los principios rectores de sus guías. Las guías de todos los estados ayudan a identificar las cantidades mínimas a pagarse por la manutención de niños, y ofrecen programas de ingresos y gastos permisibles para calcular la supuesta cantidad concedida. Aunque las guías existen, cada caso se examina sobre sus propios méritos debido a que ninguna familia tiene exactamente las mismas obligaciones y necesidades que otra. Las guías reconocen esto y disponen ajustes a las cantidades guías.

Existen tres modelos de guías que son utilizados por los estados. El *Income Shares Model* (Modelo de División de Ingresos) es el más popular. En este modelo, se combinan los ingresos de los padres y luego se determina una porción basada en una fórmula para la manutención de niños. Los siguientes estados siguen este modelo.

- Alabama
- Arizona
- California
- Colorado
- Connecticut
- Florida
- Idaho

- Indiana
- Iowa
- Kansas
- Kentucky
- Luisiana
- Maine
- Maryland
- Michigan
- Minnesota
- Misuri
- Nebraska
- Nueva Hampshire
- Nueva Jersey
- Nuevo México
- Nueva York
- Carolina del Norte
- Ohio
- Oklahoma
- Oregón
- Pennsylvania
- Rhode Island
- Carolina del Sur
- Dakota del Sur
- Tennessee
- Utah
- Vermont
- Virginia
- Washington
- Virginia Occidental
- Wyoming

La mayoría de los estados restantes utilizan el *Percentage of Income Model* (Modelo de Porcentaje de Ingresos). En este modelo, el estado determina la manutención de niños como un porcentaje del ingreso del padre sin custodia. Este modelo presume que el padre con custodia paga la manutención del niño directamente. En algunos estados, el modelo usa porcentajes fijos, pero en otros es un porcentaje en una escala fluctuante para responder a los niveles de ingresos más bajos y más altos. Los siguientes estados usan este modelo.

- Alaska
- Arkansas
- Distrito de Columbia
- Georgia
- Illinois
- Massachusetts
- Misisipi
- Nevada
- Dakota del Norte
- Texas
- Wisconsin

El tercer modelo, utilizado por Delaware, Hawai y Montana, se llama el Modelo Nelson. Es una versión más complicada del Modelo de División de Ingresos. Este modelo considera los ingresos de ambos padres y provee por una subvención por un costo de vida. (Para mayor información sobre este modelo, vea *Dalton v. Clanton*, 559 A.2d 1197 (Del. 1989).)

Definiendo Ingresos

Es importante entender cómo se definen los ingresos para poder comprender mejor los modelos de ingresos de manutención de niños. El ingreso utilizado para determinar la manutención de niños puede ser el ingreso bruto o el ingreso neto, dependiendo de las guías de su estado. El ingreso bruto será definido por las guías y generalmente incluirá dinero, propiedad o servicios de la mayoría de las fuentes, bien se reporten o bien sean gravadas con impuestos bajo la ley federal o no. Por ejemplo, intercambiar servicios a cambio de bienes sin intercambiar dinero se considerará como ingreso, debido a que bienes o servicios intercambiados tienen un valor justo de venta. Este valor es lo que se incluye como ingreso. El ingreso de los programas de ayuda pública generalmente está exento.

Por Ejemplo: Las guías de Idaho, las cuales utilizan los ingresos brutos de los padres, definen el ingreso bruto como cualquier ingreso de cualquier fuente, al igual que, pero no limitado al ingreso de:

- salarios;
- comisiones;
- bonos;
- dividendos;
- pensiones;
- intereses;
- ingresos de fundaciones;
- anualidades;
- beneficios de Seguro Social;
- beneficios de indemnización obrera;
- beneficios de seguro de desempleo;
- beneficios por seguro de incapacidad;
- manutención conyugal;
- mantenimiento;
- cualquier beneficio de veterano recibido;
- subvenciones de educación;
- becas de estudio;
- otra ayuda financiera;

- pagos por incapacidad; y,
- pagos de retiro.

Las cortes de Idaho pueden considerar cuándo y por qué duración el recibo de fondos de otras fuentes se considerará como disponible para la manutención de niños. Estas otras fuentes incluyen fondos de:
- regalos;
- premios;
- ganancias netas de la venta de propiedades;
- pago de cesantía; y,
- fallos judiciales.

A diferencia de algunos estados, en Idaho, los beneficios de programas de asistencia pública recibidos por un padre son incluidos como ingreso bruto (excepto en casos de adversidad extraordinaria).

En reconocimiento de que los padres a veces intentan abandonar sus empleos para evitar pagar la manutención, una corte puede utilizar la capacidad de ganancia del padre en lugar de sus ganancias reales para determinar la manutención. La capacidad de ganancia comúnmente está basada en la educación, entrenamiento y experiencia laboral del padre y la disponibilidad de trabajo en o cerca de la comunidad del padre.

La capacidad de ganancia generalmente está basada en tres factores:
1. habilidad para trabajar;
2. disposición para trabajar; y,
3. oportunidad para trabajar.

Para la habilidad para trabajar la corte examinará factores tales como edad, educación, salud, experiencia laboral y calificaciones de trabajo. La disposición para trabajar normalmente se determina por si el padre ha hecho un esfuerzo de buena fe de trabajar. Finalmente, se examina el mercado laboral para determinar si el padre realmente hallará empleo. Si la corte examina estos tres factores y determina que usted debería estar ganando dinero, basará su orden de manutención de niños sobre lo que la corte cree ser su capacidad de ganancia.

Por Ejemplo: Un padre sin custodia abandona voluntariamente un trabajo que paga $40.000 al año y trabaja a tiempo parcial por $12.000. La corte puede usar la capacidad de ganancia de $40.000, y no el ingreso bruto real de $12.000, para determinar la cantidad de manutención de niños.

Las guías de algunos estados establecen ciertas deducciones del ingreso bruto para llegar a una cifra de ingreso neto a partir de la cual se determina la manutención de niños. Estas deducciones pueden variar por tipo y cantidad permitida, pero generalmente las deducciones estándar incluyen:

■ impuestos;
■ deducciones de Seguro Social;
■ seguro médico;
■ contribuciones obligatorias al plan de gubilación; y,
■ manutención de niños previa.

Los estados también permiten substracciones del ingreso bruto para ciertos gastos identificados y razonables. Por ejemplo, el ingreso puede reducirse debido a gastos de negocios que la corte determina son razonablemente necesarios para producir ingresos u operar un negocio.

Modelo de Ingresos Combinados

Las guías de muchos estados determinan la manutención de niños combinando los ingresos de los padres y luego calculando el porcentaje guía del ingreso disponible para la manutención de cada padre. Este modelo frecuentemente es llamado el *Income Shares Model* (Modelo de División de Ingresos). Las *Indiana Child Support Guidelines* (Guías de Manutención de Niños de Indiana) utilizan este modelo y explican que está "basada en el concepto que el niño debería recibir la misma proporción del ingreso paternal que él o ella recibiría si los padres vivieran juntos."

Determinar la manutención de niños bajo este modelo generalmente consiste de cinco pasos (aunque puede tomar varias hojas de trabajo del estado para cubrir estos pasos).

1. Identificar el ingreso bruto y neto de cada padre.
2. Sumar el ingreso de cada padre para obtener un ingreso total combinado.
3. Hallar la manutención de niños debida para ese ingreso total en las guías de su estado.
4. Sumar o deducir las cantidades que son permitidas por su estado.
5. Determinar la parte proporcional debida de cada padre basada en la cantidad de ingreso que cada uno contribuye.

Los estados que usan este modelo reconocen que el padre que tiene las responsabilidades de cuidado paga la manutención para el niño directamente mientras que el otro padre paga una cifra en dólares por la manutención del niño.

Por Ejemplo: Para calcular la manutención para un niño en Alabama, siga estos pasos.

1. Presuma que el padre con la custodia tiene un ingreso bruto de $1.000 al mes, mientras que el padre sin custodia tiene un ingreso bruto de $2.000 al mes.
2. Se suman los ingresos: $3.000.
3. Luego, busque en la tabla de Alabama para determinar la fórmula guía.

Ingreso Bruto Combinado	1 Niño	2 Niños	3 Niños	4 Niños	5 Niños	6 Niños
2.900	426	660	826	931	1.015	1.085
2.950	431	669	837	944	1.029	1.100
3.000	437	677	848	956	1.042	1.114
3.050	443	686	859	969	1.056	1.129

(Programa de Manutención de Niños de Alabama)

La guía provee para una manutención de niños total de $437.

4. Para este ejemplo, no presuma ningún ajuste.
5. Prorratee el total de manutención de niños básico entre los padres basados en sus ingresos— el padre sin custodia pagará 2/3 ($2.000/$3.000) del total debido—$291.

Por Ejemplo: Un resultado muy similar al de arriba podría obtenerse en Virginia. Una vez más, los ingresos de los padres se sumarían para un total combinado de $3.000 (pasos 1 y 3). Luego, busque en las guías de Virginia para determinar la manutención de niños (paso 3).

Ingreso Bruto Combinado	1 Niño	2 Niños	3 Niños	4 Niños	5 Niños	6 Niños
2.850	430	667	836	941	1.027	1.098
2.900	435	675	846	953	1.039	1.112
2.950	440	683	856	964	1.052	1.125
3.000	445	691	866	975	1.064	1.138
3.050	443	686	859	969	1.056	1.126

(Programa de Manutención de Niños de Virginia)

Del cuadro, la cantidad en Virginia sería $445. Si existiesen ciertos ajustes permisibles, tales como un gasto de $50 por cuidado infantil y un gasto de $15 por gastos médicos extraordinarios, esto llevaría el total a $510 (paso 4). Entonces, bajo el esquema de Virginia, se prorratea la cantidad debida entre el padre con custodia y el padre sin custodia (paso 5). El padre sin custodia pagaría una manutención de niños bajo las guías de Virginia de $340.

Modelo de Porcentaje de Ingresos

Otro tipo de guía usada comúnmente está basada en el porcentaje del ingreso del padre sin custodia. Algunos estados utilizan un porcentaje fijo, mientras que en otros estados el porcentaje debido bajo las guías depende del nivel de ingresos del padre. Como puede ver por los ejemplos, aunque el método para determinar la manutención de niños es diferente, el resultado, si usamos los mismos números, no es muy diferente que el de los ejemplos previos en la sección anterior.

Determinar la manutención de niños bajo este modelo generalmente consta de tres pasos.

1. Identificar el ingreso bruto y neto del padre que no tiene custodia.
2. Hallar en las guías de su estado el porcentaje de ingreso debido para la manutención de niños.
3. Sumar o deducir cualquier cantidad permitida por su estado.

El porcentaje de las guías de ingreso en Wisconsin es típico.

Por Ejemplo: La ley de Wisconsin establece que las cantidades de manutención de niños están basadas en el supuesto de que ambos padres son responsables por mantener a los niños, vivan juntos o no. Por lo tanto, esta guía asume que ambos padres sustentarán a su niño. Aunque este tipo de guía sólo examina el ingreso del padre que no tiene custodia, las guías nuevamente asumen que el padre que tiene las responsabilidades de cuidado pagará la manutención del niño directamente, mientras que el otro padre pagará una cifra en dólares por la manutención del niño.

Utilizando las guías de Wisconsin, aplique el porcentaje de la guía al ingreso del padre sin custodia. Los porcentajes del programa de pago en Wisconsin son los siguientes.

- 17% del ingreso bruto por un niño
- 25% del ingreso bruto por dos niños
- 29% del ingreso bruto por tres niños
- 31% del ingreso bruto por cuatro niños

Según se refleja en la siguiente tabla, si el ingreso bruto mensual del padre sin custodia fuese $1200, y tuviese solo un niño, la manutención sería de $204 (17%). Si tuviese dos niños la cantidad aumentaría a $300, o un 25% del ingreso bruto.

Ingreso Bruto Mensual	1 Niño 17%	2 Niños 25%	3 Niños 29%	4 Niños 31%
$1.200	$204	$300	$348	$372
$2.000	$340	$500	$580	$620

(Programa de Manutención de Niños de Wisconsin)

Para comparar las cantidades guías con aquellas en las guías de los estados de ingreso combinado, miremos el ejemplo anterior con el ingreso de $2.000 del padre sin custodia. En Wisconsin, el cuadro muestra que el porcentaje guía para un niño es de 17%. Calculando el 17% de $2.000 es $340. Note que esto es muy cercano a los ejemplos previos (Alabama y Virginia) de las guías de ingresos combinados.

La idea es que a pesar que los estados tienen diferentes métodos de llegar a los niveles básicos de manutención, frecuentemente éstas llevan a cantidades similares de manutención.

Ajustes

Muchos estados permiten cantidades añadidas o ajustes especiales. Éstos pueden aumentar la obligación de manutención básica o pueden reducirla. A pesar que cada estado tiene sus propias definiciones de ajustes, la mayoría incluye:

- gastos médicos, psicológicos, dentales o educativos extraordinarios;
- ingreso independiente o activos del niño;
- manutención de niños o manutención conyugal ordenada previamente;
- edad o necesidades especiales del niño;
- arreglos de custodia compartida o dividida; y,
- cuál padre toma la exención de dependencia del IRS.

Los estados también pueden sumar otras bases para ajustar las órdenes de manutención de niños. Por ejemplo, además de los factores estándar, algunos estados permiten que la corte ajuste la manutención de niños en base a los siguientes factores.

- Los pagos de manutención para un padre que recibió pagos regularmente y para el cual existe una necesidad demostrada.
- Variaciones temporales en los ingresos o gastos de uno o ambos padres.
- Las necesidades mayores de niños mayores.
- Necesidades especiales, tales como gastos que pueden estar asociados con la incapacidad de un niño, que tradicionalmente han sido cubiertas por el presupuesto de la familia aunque el cumplir con esas necesidades causará que la manutención exceda las guías propuestas.

■ El acuerdo compartido de paternidad específico, tal como cuando los niños pasan una cantidad substancial de su tiempo con el padre residencial secundario, reduciendo de esta manera los gastos financieros incurridos por el padre residencial primario, o el rechazo del padre residencial secundario de involucrarse en las actividades del niño o de darle la consideración a los servicios domésticos del padre residencial primario. Si el niño tiene visitas con el padre sin custodia más de veintiocho días consecutivos, la corte puede reducir la cantidad de manutención pagada al padre con custodia durante el tiempo de la visita a no exceder más de un 50% de la cantidad adjudicada.

■ Cuando la aplicación de las guías de manutención de niños requiere que una persona le pague a la otra más de un 55% de su ingreso bruto para una obligación de manutención de niños, para una orden actual resultando de una sola orden de manutención.

■ Cualquier otro ajuste que sea necesario para obtener un resultado equitativo, el cual puede incluir, pero no está limitado a una deuda o gasto existente que es razonable y necesario. Tales gastos o deudas pueden incluir, pero no están limitadas a una deuda o gasto razonable y necesario que las partes incurrieron mutuamente durante el matrimonio.

Las cortes deben declarar las razones para la diferencia de las cantidades guías.

Por Ejemplo: En California, si la orden de manutención difiere de las guías, una corte debe explicar, por escrito o en los actuados procesales, la siguiente información.

- La cantidad de manutención que hubiese sido ordenada bajo la fórmula guía.

- Las razones por las cuales la cantidad de manutención ordenada difiere de la cantidad de la fórmula guía.

- Las razones por las cuales la cantidad de manutención ordenada es para el bien de los niños.

Orden de Manutención de Niños Preexistente

Una de las situaciones más comunes que afectan las guías de manutención son las obligaciones que vienen con un segundo matrimonio y otros niños. Aunque existe una segunda familia, esto no significa que las responsabilidades del padre pagador para con la primera familia terminan. Sin embargo, la cantidad de cualquier orden de manutención futura puede verse afectada, ya que el padre tiene la responsabilidad de mantener a sus otros niños.

En estos casos, las guías pueden calcular una deducción del ingreso por cantidad de manutención del primer niño. Por ejemplo, si el padre estaba obligado a pagar una manutención de niños mensual de $350 por un niño nacido en 1990, y el ingreso guía de este padre era de $3.000 al mes, las guías restarían del ingreso la cantidad de la orden de manutención del primer niño ($3.000 menos $350 = $2.650), y luego determinarían la manutención a deber usando esta nueva cifra de ingresos en la solicitud o petición para obtener la cantidad guía para el segundo niño en el caso actual.

Custodia Compartida/Conjunta

Las guías estatales regulan los arreglos de custodia compartida/conjunta de varias maneras. En algunos casos donde los padres comparten casi equitativamente el tiempo de crianza, la cantidad prorrateada de manutención de cada padre compensa la del otro, de manera que no intercambian manutención; esencialmente pagan todos los gastos cuando en niño está con ellos. En otros casos, la custodia puede ser compartida, pero un padre pasa más tiempo físico con el niño. En tales casos, una vez más, el prorratear la cantidad total adeudada para la manutención de niño y luego calculando el tiempo de crianza producirá la suma a pagar para la manutención.

Las guías de algunos estados incluyen cuadros para ajustar las cantidades guías basándose en el porcentaje de tiempo de crianza compartido.

Por Ejemplo: Si ambos padres estaban obligados a gastar un 17% de sus ingresos en su niño y el Padre A tenía un ingreso de $2.000 al mes y el Padre B tenía un ingreso de $1.500 al mes, entonces su manutención de niños a pagar inicialmente sería de:

Padre A—$2.000 x 17% = $340

Padre B—$1.500 x 17% = $255

Sin embargo, si el Padre A pasa un 44% (160/365 días) del tiempo con el niño y el Padre B pasa el 55% restante (205/365 días), entonces el programa de las guías estatales prorratea la manutención a pagar de acuerdo con la siguiente tabla.

Porcentaje de tiempo con el niño	Porcentaje de la cantidad de manutención de niños inicial
43	56.71
44	53.38
45	50.05
46	46.72
47	43.39
48	40.06
49	36.73
50	33.40
51	30.07
52	26.74
53	23.41
54	20.08
55	16.75
56	13.42

El Padre A debe un 53.38% de su total original ($340 x 53.38% = $181,49)

El padre B debe un 13.42% de su total original ($255 x 13.42% = $34,22)

Los cálculos finales muestran que al Padre B, el Padre A le debía $147,27 ($181,49 - $34,22 = $147,27).

Esto resulta en un porcentaje a pagar de 7.36%.

Esto es sólo un ejemplo de cómo las guías estatales tratan con los arreglos de paternidad compartida. Su estado puede tratar este asunto de manera diferente en sus guías. Las hojas de trabajo locales le ayudarán a calcular las cantidades correctas.

Custodia Dividida

Los estados también intentan aplicar sus guías a los casos en los cuales los padres tienen más de un niño y tienen custodia total de algunos pero no de todos los niños.

Por Ejemplo: Si el Padre A tiene custodia de uno de tres niños, bajo las guías de porcentaje de ingresos, el Padre A podría pagar un 25% de su ingreso como manutención de niños (por los otros dos niños). El Padre B debería el porcentaje guía de 17% por el niño bajo la custodia del Padre A.

Si los ingresos son $3.000 para el Padre A y de $1.500 para el Padre B, entonces la manutención se calcularía como sigue.

Padre A: $3.000 x 25% = $750 (2 niños)

Padre B: $1.500 x 17% = $255 (1 niño)

El Padre A le debe al Padre B la cantidad de $495 ($750 menos $250 = $495) en manutención de niños.

Visitas

Los arreglos de visitas pueden resultar en un ajuste a la orden de manutención de niños. Por ejemplo, algunos estados prorratean la manutención basándose en el tiempo pasado con cada padre.

En Nebraska, las guías permiten una deducción de 50% por los tiempos de visitas de cuatro semanas o más. Además, una corte puede ajustar la manutención a pagar si la visita requiere de gastos de transporte.

Capítulo 4

Acordando la Manutención de Niños

Cuando los padres pueden cooperar, las decisiones que conciernen la manutención de niños pueden funcionar para beneficiar a todas las partes, especialmente al niño. Al reconocer esto, la mayoría de los padres intenta llegar a un acuerdo para la manutención de niños. Una corte considerará los términos de un acuerdo que afectan la manutención, y si es justo y razonable bajo las leyes estatales, el juez otorgará esa cantidad. La cantidad y los términos de su acuerdo de manutención entonces serán incluidos en su fallo.

Si la corte determina, sin embargo, que la cantidad no es justa o razonable en base a las leyes de su estado, entonces su arreglo no será de carácter obligatorio y la corte puede optar otorgar una manutención de niño diferente de lo acordado. Por ejemplo un acuerdo que en principio dice que "Si no pides derechos de visita, no pediré la manutención de niños" es inaceptable a las cortes y no será aprobado. Las partes no pueden evitar que una corte emita una orden razonable de manutención de niños a través de su propio proceso de negociación. En el caso de *Lee v. Lee*, 699 N.W.2d 842 (N.D. S.Ct. 2005), las partes no podían acordar que el esposo, como el guardián principal del niño, le pagaría una manutención reducida a la esposa a cambio de que la esposa no tenga que pagar su porción de la manutención del niño.

Factores a Considerar

Al acordar una cantidad de manutención de niños, los padres deben considerar varios factores, incluyendo:

- qué requieren las guías del estado;
- asuntos adicionales relacionados con la calidad o el nivel de vida;
- los recursos financieros de cada padre;
- las necesidades del niño;
- quién será responsable por los gastos de cuidado médico;
- cuáles gastos educativos se pagarán;
- otros gastos;
- quién toma la exención tributaria;
- cuándo y cómo se harán los pagos;
- si habrá una garantía (fideicomiso, seguro de vida) para los pagos;
- qué sucede cuando el padre que paga muere; y,
- si existe más de un niño, qué efecto tiene en los pagos si uno de los niños muere, alcanza la mayoría de edad (18 ó 21 años de edad), se casa o se enlista en el ejercito.

Las Guías de su Estado

En el capítulo anterior, usted aprendió, en general, acerca de las guías de manutención de niños del estado que están vigentes en cada estado. Las guías que cubren su caso se hallarán la legislación de su estado, las reglas administrativas u opiniones judiciales. Muchos estados también publicitan sus guías en el Internet, pero usted debe estar consciente que estas pueden no ser las versiones más recientes ya que las guías están sujetas a revisiones cada cuatro años. Usted también puede contactar la agencia local de cumplimiento de manutención de niños para obtener información sobre cómo obtener las guías de su estado.

El trabajar a través de las guías de su estado puede sentirse un poco como llenar sus formularios de impuestos. Muchos estados proporcionan hojas de trabajo y formularios específicos para ayudar con este proceso. Éstos están disponibles a través la oficina local del secretario del condado, la agencia local de cumplimiento de manutención de niños y, con una mayor frecuencia, en el Internet.

Con las guías de su estado como una base, usted puede formular una cantidad de manutención de niños para colocar en el acuerdo.

Cómo Determinar su Cantidad Guía Básica

Comience determinando su ingreso relevante. Lea sus guías para determinar si su estado es un estado de ingresos combinados. Si lo es, comience por determinar la cantidad de ingreso mensual que ambos padres tienen. Si su estado es un estado de porcentaje de ingreso, comience determinando el ingreso del padre sin custodia.

Estudie la definición de ingreso de su estado para ver en cuál cantidad (neta o bruta) está basada la guía. Por ejemplo, su estado puede incluir en su definición de ingreso bruto:

- salarios, interés y dividendos;
- comisiones, mesadas, horas extraordinarias o propinas;
- ingreso de negocios;
- beneficios por incapacidad;
- indemnización laboral o compensación por desempleo;
- pagos de pensiones o de retiro;
- beneficios de Seguro Social; y,
- mantenimiento, o manutención conyugal.

Ahora verifique sus guías para determinar cuál cantidad de ingreso (para ambos padres o sólo para el padre sin custodia)—bruto o neto—será aplicada a la fórmula para manutención del número de niños que usted tiene.

Luego, si su estado lo permite, deduzca de su ingreso las cantidades permitidas. Si su estado es un estado de ingreso neto, esto generalmente incluirá:

- impuestos federales, estatales y locales;
- FICA (*Federal Insurance Contributions Act*, Ley de Contribución del Seguro Federal);
- impuestos de Medicare o de empleo autónomo;
- pagos obligatorios a sindicatos y pagos para pensión de jubilación;
- seguro medico (pero no para el niño);
- mantenimiento;
- manutención conyugal pagada; y,
- manutención de niños para otros niños.

Su Ingreso Total

En los estados de ingresos combinados, usted suma las cantidades de ingresos finales para obtener un total combinado. En un estado de porcentaje, usted sólo calcula la cantidad guía para el padre que paga (así que no combine los ingresos en estos estados).

Añada o Deduzca las Cantidades Permitidas

Verifique los ajustes al ingreso permitidos en su estado para determinar si los gastos pueden añadirse o deducirse.

Compare su Cantidad de Ingreso con la Guía

En el programa guía de su estado, halle la cantidad a pagar para su cantidad de ingreso. En los estados de ingresos combinados, determine la porción proporcionada a pagar por cada padre. En los estados de porcentaje, halle el porcentaje de ingreso del padre que paga que se debe pagar.

La Hoja de Trabajo de Muestra para la Manutención de Niños por Ingreso Combinado en la página 50 le ayudará a calcular la manutención. En los estados de porcentaje de ingresos, le ayudará la Hoja de Trabajo de Muestra para la Manutención de Niños por Porcentaje de Ingreso en la página 51.

HOJA DE TRABAJO DE MUESTRA PARA LA MANUTENCIÓN DE NIÑOS POR INGRESO COMBINADO

	Madre	Padre	Combinado

1. Ingreso Mensual Total: ____   ____   ____
    Menos Deducciones Mensuales:
    Impuestos   ____   ____   ____
    FICA (Seguro Social)   ____   ____   ____
    Seguro Médico   ____   ____   ____
    Pensión de Jubilación Obligatoria ____   ____   ____
    Orden Previa de Manutención
    de Niños   ____   ____   ____
    Deducciones Totales: ____   ____   ____

2. Ingreso Mensual Neto: ____ + ____ = ____

3. Línea 2 x 12 (Neto anual):   ____ + ____ = ____

4. Ahora divida la Línea 2 para cada
    padre por la cifra combinada de
    ingresos en la Línea 3   ____   ____

5. Encuentre la Cantidad Guía de
    Manutención de su estado: ____   ____

6. La porción de cada padre: ____   ____
    (Línea 5 x Línea 4)

NOTA: Si su estado utiliza el método de ingreso bruto, use esa cifra en la línea 2 sin las deducciones. Usted también podría tener otras adiciones o deducciones al ingreso según se permita en su estado.

HOJA DE TRABAJO DE MUESTRA PARA LA MANUTENCIÓN DE NIÑOS POR PORCENTAJE DE INGRESO

PADRE SIN CUSTODIA

1. Ingreso Mensual Total: _____

2. Menos Deducciones Mensuales:
   Impuestos _____
   FICA (Seguro Social) _____
   Seguro Médico _____
   Pensión de Jubilación Obligatoria _____
   Orden Previa de Manutención
   de Niños _____

Deducciones Totales: _____

3. Ingreso Mensual Neto: _____

4. Línea 3 x 12 (Neto anual): _____

5. Línea 4 x el porcentaje a deber
   bajo las guías de su estado: _____

6. Línea 5 ÷ 12 para la cantidad
   mensual, guía de manutención: _____

NOTA: Si su estado utiliza el método de ingreso bruto, use esta cifra en la línea 2 sin las deducciones. Usted también podría tener otras adiciones o deducciones al ingreso según se permita en su estado.

Redactando el Acuerdo de Manutención de Niños

Una vez que haya definido los asuntos relevantes y haya determinado que su acuerdo cumple, excede o tiene permiso de ser menor que las cantidades guías, comience a redactar el acuerdo. Asegúrese que su acuerdo escrito de manutención de niños cubra:

- cuánto deberá ser el pago;
- la duración de la orden de manutención de niños;
- cuándo y cómo se pagará la manutención de niños;
- quién es responsable por la cobertura de seguro médico;
- cualquier condición especial de manutención; y,
- quién asumira el crédito o la exención tributaria.

El acuerdo debe indicar que los padres están completamente conscientes de sus obligaciones bajo las guías de su estado. Por ejemplo, en California, una corte aprobará un acuerdo de manutención de niños de las partes que está por debajo de las guías sólo si todas las siguientes son ciertas.

- Están completamente informados de sus derechos con respecto a la manutención de niños.
- Se acordó la orden sin coerción ni presión.
- El acuerdo es para el bien de los niños involucrados.
- Las necesidades de los niños se cumplirán adecuadamente por la cantidad estipulada.

El lenguaje que usted podría usar para expresar un cambio de la cantidad de las guías puede ser como sigue.

La manutención de niños se establecerá de acuerdo con las guías del Estado de ＿＿＿ (su estado de origen). Reconocemos que ésta es la cantidad presuntamente correcta de la obligación de manutención de niños. Reconocemos que podemos acordar pagar más que lo que las guías estatales requieren, y también reconocemos que no podemos pagar menos sin una razón aprobada bajo nuestra ley estatal.

Duración de la Orden

La duración de la orden de manutención de niños depende del acuerdo entre las partes o de los términos ordenados por la corte. Muchas órdenes vencen cuando el niño alcance los 18 años de edad (la mayoría de edad en la mayoría de los estados), pero los padres pueden acordar que mantendrán al niño después que éste o ésta alcance la mayoría de edad. Esto generalmente surge cuando los padres están de acuerdo en que el niño debería ir a la universidad. A veces habrá un acuerdo para mantener al niño hasta que él o ella se pueda valer por sí mismo(a).

A menos que se haga algún tipo de acuerdo más allá del periodo de tiempo en que el niño alcanza la mayoría de edad, la corte generalmente no ordenará tal manutención. A veces, sin embargo, existe una ley estatal que requiere que los padres mantengan a sus niños por más tiempo. Algunos estados extienden la manutención hasta los 19 años de edad si el niño aún está en la secundaria. Maryland tiene un estatuto que permite que se presente un juicio civil cuando el niño es excepcional, tal como cuando el niño tiene problemas emocionales. En Florida, una corte sostuvo que los padres de una persona incapacitada de 50 años tenían un deber vitalicio de mantener a su hijo adulto dependiente. (*Hastings v. Hastings*, 841 So.2d 484 (Fla. App. 2003).)

A continuación se presenta un ejemplo del lenguaje que se puede usar para expresar la duración de la orden.

> *Nosotros acordamos además que la manutención de niños debe pagarse hasta que nuestro niño alcance los 18 años de edad (o 19 si aún está en la escuela secundaria), muera, se case o se enliste en el ejercito. También acordamos que revisaremos el progreso del niño y lo animaremos a continuar a la universidad o a una escuela técnica según sus intereses y habilidades lo permitan, y acordamos contribuir fondos hacia la educación de nuestro niño más allá de la escuela secundaria en la medida que nuestra situación financiera lo permita razonablemente.*

Pagos

Históricamente, la orden de manutención de niños requiere que los pagos se hagan directamente al otro padre. Sin embargo, esto ha demostrado ser problemático y el cumplimiento es muy difícil. Algunos estados todavía requieren que los pagos se hagan en la oficina del secretario de la corte, pero regulaciones federales implementadas en los estados ahora requieren un lugar central para procesar los pagos de manutención de niños y la mayoría de los estados han comenzado a implementar este cambio.

Con mayor frecuencia, los pagos pueden hacerse por tarjeta de crédito o incluso electrónicamente a través del Internet. De hecho, algunas jurisdicciones exigen que, a menos que las partes acuerden lo contrario (y la corte lo apruebe), los pagos deben hacerse al registro estatal.

Muchos estados tienen un formulario que debe presentarse con la orden de manutención de niños y que proporciona información acerca de los padres y el niño, de manera que se pueda mantener un registro de los pagos y desembolsos a través del registro central del estado. Los pagos al registro estatal permiten que se mantenga evidencia de las fechas y cantidades de los pagos. Para ser efectivo, por supuesto, el padre con derecho a los pagos debe asegurarse de notificar al registro si él o ella se mudan. Las leyes estatales requieren que los padres mantengan la información actualizada en el registro.

Un acuerdo debe incluir cuándo y cómo se pagará la manutención de niños. Por ejemplo, los padres podrían acordar en lo siguiente.

La manutención de niños será pagada por el padre pagador en los días 1ro y el 15 de cada mes al registro central estatal para ____ (jurisdicción, condado o distrito).

O

La manutención de niños será pagada por el padre pagador en los días 1ro y 15 de cada mes al padre receptor directamente comenzando en _____ (fecha).

Los pagos deberían comenzar de acuerdo a la orden, en el día del fallo. Sin embargo, se puede designar una cantidad separada para la manutención desde el día de la presentación de la petición. Las partes deberían acordar además en lo siguiente.

El padre pagador acuerda que él o ella es responsable por pagar la manutención de niños a partir del día de la presentación de la petición hasta ___ (fecha de la orden) menos la suma de $ ____ (la cantidad ya pagada) de la siguiente manera: $ ___ inmediatamente y $ ____ en los días 1ro y 15 de cada mes.

Retención de Ingresos

La retención automática de ingresos (también conocida como retención de salario) es una de las maneras más sencillas de pagar la manutención de niños. También es una de las herramientas más efectivas para cobrar la manutención de niños. Frecuentemente, ésta toma la forma de una deducción de nómina. Si el padre pagador está empleado, entonces cuando su empleador prepara la nómina, la manutención de niños se retiene y es enviada al secretario de la corte en el condado donde se presentó la orden judicial. Los fondos luego se distribuyen según las leyes federales y estatales. Se pueden requerir ciertos honorarios.

Por Ejemplo: En Illinois, existe un honorario del secretario de la corte. Debido a que el secretario de la corte es el depositario oficial de registros para todos los pagos de manutención de niños, se le permite cobrarle al padre sin custodia un honorario anual de procesamiento de $36.

La retención de ingresos no está limitada a salarios.

Por Ejemplo: La ley de retención de ingresos en Nebraska permite la retención de casi cualquier tipo de ingreso, incluyendo:

- salarios;
- compensación por desempleo e indemnización obrera;
- fondos de inversiones; y,
- planes de retiro.

En Washington, incluso los reos están sujetos a la retención.

Transferencia Electrónica de Fondos

A pesar que algunos padres pagan su manutención de niños directamente por cheque, muchos estados ahora ofrecen una opción de pago automático, conocido como transferencia electrónica de fondos (EFT por sus siglas en inglés). La misma deduce automáticamente la manutención de niños de su cuenta de cheques o de ahorros. Esto ahorra tiempo en preparar los pagos, ahorra dinero en los honorarios por franqueo y por uso de cheques, y asegura que sus pagos no se pierdan o retrasen en el correo.

En Illinois, todos los empleadores con al menos 250 empleados tienen que utilizar EFT. Los patronos con menos de 250 empleados pero con al menos diez *Income Withholding Notices* (Notificaciones de Retención de Ingresos) también deben usar EFT para pagar todas las cantidades de manutención de niños retenidas (excepto por aquellas órdenes ingresadas en otro estado o aquellas en las cuales las partes han acordado que los pagos no se hagan a través de la retención de ingresos).

Recibir la Manutención de Niños

También existen opciones automatizadas para recibir la manutención de niños. Si usted tiene derecho a manutención de niños pagada por la corte, usted podría usar un método de depósito directo para sus pagos de manutención de niños. El usar el depósito directo le proporciona acceso directo a los fondos de manutención, y su cheque no se puede retrasar en el correo, perderse o ser robado. En los estados con la opción automatizada, lo único que usted debe hacer es tener una cuenta de cheques o de ahorro y el secretario de la corte o la agencia de manutención de niños depositará electrónicamente sus fondos.

Si la agencia estatal cobra y le distribuye los pagos de manutención, frecuentemente utiliza la transferencia electrónica de fondos. Algunos estados también están experimentando con las tarjetas de débito—Iowa actualmente requiere que todos los desembolsos se paguen de esta manera. El padre con custodia puede utilizar la tarjeta para hacer compras u obtener dinero de los cajeros automáticos. Esto ayuda a los padres que no tengan una cuenta bancaria, pero también elimina los cheques robados, los honorarios por cambiar cheques e incluso cientos de miles de dólares en sellos postales.

Programa de Pagos

La mayoría de los estados expresan los pagos de manutención de niños como una cifra fija de dinero. En el pasado, algunas órdenes de manutención de niños estaban expresadas como un porcentaje para permitir que la cantidad de manutención aumentara o disminuyera con el nivel de ingresos del padre pagador sin que las partes tuviesen que regresar a la corte. Una orden combinada, por ejemplo—un 17% de las ganancias brutas o $400 al mes, lo que sea mayor—tenía la intención de establecer una cantidad mínima de manutención a la vez que permitía que la cantidad aumentara con mayores ganancias. Sin embargo, una orden de porcentaje o combinada es más difícil de calcular y por lo tanto más difícil de hacer cumplir.

El listar las obligaciones de manutención de niños como una cantidad fija hace más fácil el utilizar órdenes de retención. También, una cantidad fija permite que la manutención atrasada sea calculada automáticamente y hace más fácil el hacer cumplir en caso de mora. Las horas de trabajos de temporada pueden ajustarse en una cantidad fija de dinero y no habrá necesidad de recalcular cuándo el padre pagador deja un trabajo o reduce sus horas laborales. En cambio, el padre pagador tendrá la responsabilidad de buscar la modificación apropiada. Tenga en cuenta, sin embargo, que el tiempo adicional ocasional no será calculado en una cantidad fija de dinero a menos que el mismo sea lo suficientemente constante como para incluirlo en la orden. Por lo tanto, usted debe usar una cantidad fija de dinero para programar los pagos.

Por Ejemplo: Aunque Wisconsin utiliza el modelo de porcentaje de ingresos para calcular la manutención, el mismo requiere que todas las obligaciones de manutención estén expresadas como una cifra mensual fija. Esto ayuda que otros estados que requieren una cantidad fija de dinero hagan cumplir las órdenes de Wisconsin.

Verifique con las guías de su estado para el método apropiado de declarar los pagos de manutención de niño.

Cuidado de Salud

Debe quedar claro, en cualquier, acuerdo cuál padre es responsable de proporcionar   cobertura médica y de accidentes para el niño. Para aclarar este asunto, los padres pueden llegar a un acuerdo utilizando el siguiente texto.

Se acuerda que ____ (nombre) puede obtener cobertura médica adecuada a través del plan de salud en grupo de su empleador al costo más razonable. Por lo tanto, los padres acuerdan que la cobertura de salud, médica, dental, óptica y farmacéutica será provista por _____ (el padre pagador). El padre pagador también acuerda en aumentar la cobertura si el niño se vuelve elegible bajo el plan de grupo del empleador. Para los gastos del bolsillo para el cuidado médico por encima de aquellos cubiertos por el seguro, los padres acuerdan prorratear los gastos según las guías de porcentaje de ingreso de manutención de ____ (estado), el cual actualmente es ___% para ____ (Padre) y ___% para ____ (Madre). Estos pagos se harán dentro de treinta (30) días a partir de la facturación o notificación de pago del seguro, lo que ocurra más tarde. Ambas partes acuerdan ejecutar y entregar prontamente cualquier formulario o documento para asegurar los pagos puntuales de los reclamos de seguro. Las partes también acuerdan que en caso que la parte pagadora deje de mantener el seguro en violación de esta provisión, esa parte se presumirá ser responsable de todos los gastos de cuidado médico incurridos por el niño menor de edad.

Seguro de Vida

Como seguridad para manutención futura, los padres pueden acordar mantener un seguro de vida sobre ellos, nombrando a su niño como el beneficiario. En el acuerdo, los padres pueden indicar esto de la siguiente manera.

Se acuerda que durante la existencia de la orden de manutención de niños para _____ (nombre del niño), ambos padres obtendrán y mantendrán una cobertura de seguro de vida adecuada en la cantidad de $_____. Ambos padres acuerdan además que su niño _____ (nombre del niño) será nombrado el beneficiario irrevocable de tales pólizas. Cada padre proporcionará al otro una copia de la póliza y evidencia anual del pago de las primas.

Exención Tributaria

Los padres deberían cubrir los créditos y exenciones tributarias en cualquier acuerdo. Por ejemplo, los padres podrían acordar compartir la exención, posiblemente alternándosela cada segundo año. El lenguaje típico para reflejar esto podría leer de la siguiente manera.

*Para propósitos de los impuestos sobre ingresos,
_____ (Madre) puede reclamar a _____ (Niño)
como una exención tributaria en los años impares,
y _____ (Padre) puede reclamar a _____ (Niño)
como una exención tributaria en los años pares.
Ambos padres acuerdan cooperar en el firmar y
presentar de manera puntual cualquier formulario
de ingresos necesario o requerido para lograr este
propósito.*

Capítulo 5

Tramitando la Manutención de Niños

Hay ciertos pasos básicos que uno debe tomar para obtener la manutención de niños. Los padres (o tutores elegibles) pueden solicitar la manutención de niños ante sus cortes locales, ya sea a título personal o a través de un abogado. Si usted ha llegado a algún tipo de acuerdo extra judicial, puede incluirlo en su caso de custodia, visita o de manutención de niños.

Si usted maneja su propio caso, tendrá que llenar, entregar con fines de notificación y presentar varios formularios de la corte. Por ejemplo, un caso para establecer la manutención de niños puede requerir una demanda o una solicitud o petición de que se establezca la paternidad (si fuese necesario) para de esta manera poder fijar la manutención. Una Citación es el formulario utilizado para notificar a la otra parte de la presentación del auto judicial. También hay un formulario de affidávit o declaración financiera y una hoja de trabajo que calcula su ingreso actual y las deducciones legales por pagos impositivos y que utiliza el programa oficial de guías estatales para determinar los montos de cada pago de manutención de niños que se deba realizar.

Si la otra parte no responde, el solicitante presenta una moción de solicitud o petición de declaración de rebeldía, por falta de cumplimiento de la otra parte, y de emisión de una Orden de Cumplimiento de Obligaciones por parte de la corte.

La otra parte puede contestar a este recurso. Si la paternidad esta siendo cuestionada u objetada, el solicitante presenta una moción de solicitud o petición para que la corte ordene la presentación de pruebas genéticas. Si la otra parte esta de acuerdo con proceder con los exámenes de paternidad, puede entonces presentarse otra solicitud o petición que pida a la corte que ordene que se lleven a cabo dichas pruebas.

A menos que se reconozca voluntariamente o que la corte declare la paternidad y se llegue a un acuerdo de manutención de niños entre las partes, el caso puede ser remitido a una revisión administrativa o judicial, en la cual las hojas de trabajo de las partes se revisan y se preparan conclusiones de hechos basadas en la petición y otros documentos presentados en el caso. Luego, el oficial de audiencias o un juez emitirá un Fallo de Paternidad y una Orden para Establecer Manutención de Niños.

Muchas cortes y agencias administrativas han desarrollado formularios para el uso de las partes en un caso de manutención de niños. En tal caso, estos formularios pueden ser de uso obligatorio. Pregunte a su oficina local del secretario de la corte o la agencia de cumplimiento de manutención de niños, o haga una búsqueda en el Internet, para ver si existe un formulario para su jurisdicción.

Algunos estados proveen asistencia a los padres que intentan establecer la paternidad y obtener órdenes de manutención de niños.

Por Ejemplo: En California, cada corte del condado proporciona ayuda legal gratuita a las personas que no tienen suficiente dinero para un abogado y que están intentando obtener la manutención de niños. Asimismo, cada condado tiene una oficina del *Facilitator of Family Law* (Facilitador o Defensor de los Derechos de Familia) para ayudar a los padres que son papas a establecer la paternidad y la manutención de niños. Los abogados de esta oficina ayudan a la gente a completar los formularios correspondientes para que los individuos se representen a sí mismos. Para los padres varones, estos servicios incluyen la defensa contra las demandas de paternidad y las acciones de manutención de niños, derechos de custodia o visitas y referencias a otras agencias, tales como la de asistencia pública.

Plazo Para Presentar Su Caso

Todos los estados permiten que un caso que busca establecer la paternidad y la manutención de niños se presente, en cualquier momento, hasta que el niño alcance los 18 años de edad. Tanto el padre como la madre pueden presentar el caso. Una agencia de cumplimiento de manutención de niños también puede presentar el caso si la madre previamente busco ayuda pública para el niño.

Tramitando Su Caso

Con frecuencia, hay varios formularios que deben presentarse junto con una demandad o reclamo de paternidad y manutención de niños. La solicitud o petición debe incluir las reclamaciones y demandas que usted busca sean satisfechas. Los estados generalmente también requieren una hoja de trabajo de manutención de niños o un formulario análogo, el cual a veces se denomina affidávit o declaración jurada, para que su caso incluya una lista de sus gastos e ingresos. Puede que se requieran formularios adicionales en su estado.

Demandas

Usted necesitará alguna información básica antes de plantear su demanda.

- Necesitará apuntar el nombre, la dirección y el número de Seguro Social del padre biológico para, posteriormente, establecer la paternidad.
- Se requerirá que usted declare si se presento alguna acción legal previa respecto al niño objeto de la demanda.
- Se requerirá que usted declare si otra persona reclama tener el derecho de la custodia sobre su niño.
- Se le puede requerir que declare dónde vivió el niño durante los últimos años.
- Se le puede requerir que declare si alguna vez ha recibido beneficios públicos para el niño.

En la siguiente página se encuentra un modelo de Solicitud o petición o Demanda de Declaración de Paternidad. Este modelo ha sido llenado como si la madre fuese la solicitante o persona que reclama el reconocimiento de la paternidad de la otra parte. Este formulario básico puede usarse si usted está presentando la acción por su cuenta. Pregunte a la oficina del secretario de la corte si existe un formulario específico que usted pueda usar.

MODELO DE DEMANDA DE DECLARACIÓN DE PATERNIDAD Y MANUTENCIÓN DE NIÑOS

EN EL TRIBUNAL _____ DEL ESTADO _____

Demandante,   )

v.   ) No. _____

Demandado.   )

SOLICITUD O PETICIÓN DE DECLARACIN DE PATERNIDAD Y MANUTENCIÓN DE NIÑOS

El suscrito solicitante, _____,
declara lo siguiente:

1. Yo soy la madre de y _____ es el padre de _____ (nombre), nacido en fecha _____ (Fecha de Nacimiento).

2. Yo resido en _____.

3. El demandado reside en _____.

4. El niño ha vivido en la(s) siguiente(s) dirección(es) durante los últimos 5 años: _____.

5. El niño ha vivido con _____ durante los últimos 5 años.

6. El demandante no tiene conocimiento de ningún otro caso o acción legal pendiente iniciada en relación a este niño, excepto: _____. (explicar)

7. Ninguna otra persona reclama la custodia del niño, excepto: _____. (explicar)

8. No se ha recibido ayuda pública para este niño excepto: _____.

POR CUANTO, EL DEMANDANTE, por medio de la presente, solicita a este Tribunal que:

A. Emita una orden mediante la cual se declare que las partes en litigio son los padres del niño aquí nombrado.

B. Ordene que se lleve a cabo una prueba genética para fines consiguientes.

C. Fije el monto de cualquier obligación o pago de manutención vigente y pendiente y emita una orden de pago de la totalidad de las obligaciones de manutención pasadas.

D. Adjudique un monto para gastos médicos para el niño.

Fecha: _____   Firma _____

CONSTANCIA

ESTADO DE _____)

CONDADO DE _____)

Yo,_____, habiendo previamente prestado el debido juramento de ley, declaro, bajo palabra, que soy el Demandante de la presente demanda. Asimismo, declaro haber leído la SOLICITUD O PETICIÓN DE DECLARA DE PATERNIDAD Y MANUTENCIÓN DE NIÑOS adjunta, que el contenido de la misma es verdadero y fidedigno, excepto aquellos asuntos declarados basados en referencias, informaciones de terceras personas, presunciones y creencias, y que la información anterior, incluyendo dichos asuntos, es verdadera, correcta y completa a mi mejor entendimiento.

_____

Firma de la Parte

SUSCRITO Y JURAMENTADO ante mí en este día:

_____.

Mi Comisión Expira: _____.

_____

NOTARIO PÚBLICO

Hoja de Trabajo de Manutención de Niños

La mayoría de los estados tienen hojas de trabajo con información de manutención de niños en las cuales deben guiarse a la hora de preparar su caso de manutención de niños. Dos ejemplos de hojas de trabajo básicas se discutieron anteriormente en este libro. Verifique si su agencia estatal o corte local tiene un formulario particular para estos casos. Una vez que haya completado las hojas de trabajo necesarias y otros formularios requeridos por la corte o la agencia, puede, entonces, presentarlas y coordinar la notificación del otro progenitor.

Notificación

Cuando lleve su solicitud o petición o demanda a la corte, usted debe saber dónde vive o trabaja el padre adeudado, a fin de que usted pueda enviarle, al otro padre, los papeles que usted presentó. La entrega de dichos papeles constituye la notificación del otro padre de la presentación de su caso y le permite presentarse en la corte para responder a dicha demanda.

La notificación del otro padre implica tener la información de dónde vive o trabaja. Si usted no conoce la dirección actual o el empleador del padre ausente, la manera más fácil para hallar a la persona es a través de su número de Seguro Social. A pesar de que los nombres y direcciones de amigos y familiares, patronos anteriores, bancos, compañías de servicios públicos, clubes y organizaciones también pueden ser útiles.

La diligencia de la notificación debe hacerse de acuerdo con las leyes estatales. Por ejemplo, en algunos estados, la diligencia puede completarse por correo, a través del alguacil o por acuse de recibo. En ciertas circunstancias, la notificación también puede hacerse a través de su publicación en ciertos periódicos.

El demandado (el otro padre) puede aceptar la notificación y presentar una respuesta. El alguacil puede llevar a cabo la entrega de los documentos que constituye la notificación al demandado. La notificación también puede hacerse por publicación si no se puede encontrar al demandado, pero esto no se puede hacer en todos los estados. Los estados tienen formularios para las diligencias de notificación, y la oficina del secretario de la corte puede proporcionar le los formularios necesarios. En algunos estados, la corte notifica directamente al padre sin custodia.

HOJA DE TRABAJO DE MANUTENCIÓN DE NIÑOS
(*Combined Income State*)

Madre _____ Padre _____

Condado _____ Número del Caso _____

Niños y Edades:

Parte I: Obligación Básica de Manutención de Niños

	Padre	Madre
1. Ingreso Mensual Bruto	$_____	$_____
a. Salarios	$_____	$_____
b. Ingreso de Intereses y Dividendos	$_____	$_____
c. Ingreso de Negocios	$_____	$_____
d. Manutención Conyugal Recibida	$_____	$_____
e. Otros Ingresos	$_____	$_____
f. Ingreso Mensual Bruto Total (sume lo indicado en las líneas 1a hasta la 1e)	$_____	$_____

2. Deducciones Impositivas Mensuales del Ingreso Bruto

	Padre	Madre
a. Impuestos sobre Ingresos (Federales y Estatales)	$_____	$_____
b. FICA/Impuestos de Empleo Autónomo	$_____	$_____
c. Deducciones por Seguro de Empelo Estatal	$_____	$_____
d. Honorarios Profesionales/de Unión Obligatorios	$_____	$_____
e. Pagos al Plan de Pensión	$_____	$_____
f. Manutención Conyugal Pagada	$_____	$_____
g. Gastos Ordinarios de Negocios	$_____	$_____
h. Deducciones Totales del Ingreso Bruto (sume líneas 2a hasta 2g)	$_____	$_____

	Padre	Madre
3. Ingreso Mensual Neto (línea 1f menos 2h)	$_____	$_____

4. Ingreso Mensual Neto Combinado
   (sume los ingresos mensuales neto de los padres

de la línea 3) $_____ $_____

5. Obligación Básica de Manutención
   de Niños (entre la cantidad de las
   guías estatales) $_____ $_____

6. Fracción Proporcional del Ingreso
   (el ingreso neto de cada padre de la
   línea 3 dividido por la línea 4) $_____ $_____

**Parte II: Atención Médica, Cuidado Infantil y Gastos
Especiales de Crianza**

7. Gastos de Atención Médica
   a. Primas Mensuales de Seguro de Salud Pagadas
                                                  $_____ $_____
   b. Gastos Mensuales de Atención Médica No
      Cubiertos por Seguro $_____ $_____
   c. Gastos Mensuales Totales de Atención Médica
      (línea 7a más línea 7b) $_____ $_____
   d. Gastos Mensuales Combinados de Atención Médica
      (sume los totales de la madre y el padre de la línea 7c)
                                                  $_____ $_____
   e. Gastos Mensuales Ordinarios de Atención Médica
      (multiplique la línea 5 por 0,05)
   f. Gastos Mensuales Extraordinarios de Cuidado de
      Salud (línea 7d menos línea 7e, si es "0" o simple-
      mente ingrese "0") $_____ $_____

8. Gastos de Cuidado Infantil y Gastos Especiales de
   Crianza
   a. Gastos de Cuidado Infantil $_____ $_____

   b. Gastos de Educación Escolar $_____ $_____
   c. Gastos de Transportación a Larga Distancia
                                                  $_____ $_____
   d. Otros Gastos Especiales (describa) $_____ $_____
   e. Total de Gastos de Cuidado Infantil y Gastos
      Especiales (Sume las líneas 8a hasta 8d)
                                                  $_____ $_____

9. Total Mensual Combinado de Gastos de Cuidado
   Infantil y Gastos Especiales (sume los gastos del
   padre y la madre de la línea 8e) $_____ $_____
10. Obligación de Cada Padre para los Gastos
    Especiales (multiplique cada número en la línea 6
    por la línea 10) $_____ $_____

Parte III: Obligación Bruta de Manutención de Niños
11. Obligación Bruta de Manutención de Niños
    (línea 5 más línea 10) $_____ $_____

Parte IV: Créditos de Manutención de Niños
12. Créditos de Manutención de Niños
    a. Crédito por Gastos Mensuales de Atención Médica
                                              $_____ $_____
    b. Crédito por Cuidado Infantil y Gastos Especiales
                                              $_____ $_____
    c. Crédito por Otros Gastos Ordinarios
       (describa) $_____ $_____
    d. Créditos Totales de Manutención
       (suma líneas 12a hasta 12c) $_____ $_____

**Parte V: MANUTENCIÓN DE NIÑOS TOTAL
OBLIGACIÓN**

Otros factores a considerar

_____

_____

Firma y Fecha
Yo declaro, so pena de perjurio, que la información contenida en estas Hojas de Trabajo es completa, cierta y correcta.

_____

Firma de la Madre   Ciudad y Fecha

_____

Firma del Padre   Ciudad y Fecha

MODELO DE MOCIÓN O SOLICITUD O PETICIÓN DE PRUEBA DE PATERNIDAD

EN LA CORTE _____ DEL ESTADO DE _____
Solicitante,   )
v.   ) No. _____
Demandado.   )

MOCIÓN DE SOLICITUD O PETICIÓN DE PRUEBA DE PATERNIDAD

( ) Solicitante ( ) Demandado certifica que la siguiente información es cierta.

1. Solicito que la Corte ordene que se lleve a cabo la prueba científica apropiada de muestras biológicas del Solicitante y el Demandado y de los niños menores de edad mencionados abajo, para que se pueda hacer una determinación de la paternidad de los niños menores de edad que tenga un grado de certeza médica razonable:

              Nombre   Fecha de Nacimiento
(1) _____   _____
(2) _____   _____

2. Solicito que el costo de la prueba científica inicialmente sea sostenido por ( ) Solicitante ( ) Demandado ( ) Solicitante y Demandado.

Declaro que una copia de este documento fue (marque solo una casilla) ( ) enviado por correo O ( ) entregada personalmente a la(s) persona(s) mencionada(s) abajo en _____ (fecha).

( ) Solicitante ( ) Demandado
Nombre:

_____

Dirección:

_____

Ciudad, Estado, Código Postal:

_____

Fecha: _____
Firma de Parte: _____
Nombre en Letras de Molde: _____
Dirección: _____
Ciudad, Estado, Código Postal: _____
Número de Teléfono: _____

Solicitud o Petición para Establecer Paternidad

Una vez que se haya notificado al padre, se establecerá la paternidad, en caso de que esto fuese necesario. Usted puede hacer una solicitud o petición de prueba de paternidad usando un formulario parecido al modelo utilizado en la página 75.

Una vez que se haya establecido la paternidad, la próxima pregunta constituye el monto de manutención que debe adjudicarse (Vea en el Capítulo 3 cómo calcular la manutención de niños). Antes de dirimir esta cuestión la corte debe tomar en cuenta y analizar los formularios de información financiera que tienen que completarse en los casos de manutención de niños, y pudiese requerir el testimonio de los padres y otros, en ocasiones peritos expertos, acerca del ingreso y los gastos en disputa. En algunos casos, un oficial de audiencia decidirá el caso, y esta decisión se convertirá en una orden judicial si ninguna de las partes apela esta decisión.

Orden de Manutención Temporal

Una vez que se haya presentado la demanda de manutención, el caso está listo para una audiencia inicial. Si al padre sin custodia se le notifica apropiadamente del proceso judicial, él o ella debe presentarse en esa fecha y responder a la petición. En esta fecha, la corte (o la agencia administrativa, si la ley lo permite en su estado) en la cual presentó su solicitud o petición o petición para manutención de niños generalmente emite una orden temporal de manutención de niños temporal. Se obtiene una orden de manutención temporal a través de un memorial o solicitud o petición formal a la corte. Los documentos presentados incluyen la información pertinente de la hoja de trabajo y a su vez, indican las necesidades del niño o los niños. El monto de manutención temporal debe ser pagadero inmediatamente y continuar hasta que la corte o el oficial de la agencia tenga la oportunidad de considerar exhaustivamente la documentación respaldatoria que acompaña la solicitud o petición para manutención de niños permanente.

Solicitud o Petición de Excepción del Cumplimiento de las Directrices

Si usted calcula que necesitará más dinero de lo que las guías o directrices proveen en su caso, puede pedirle a la corte que emita una orden para manutención de niños que contemple un monto mayor que el adjudicado en base a las guías oficiales. Si por otra parte, usted busca un pago reducido, también puede solicitar esta excepción. En ambos casos, usted necesita proporcionar a la corte de una explicación o justificación para prescindir de las directrices, que esté contemplada en las leyes federales.

Garantía de Pago

Cuando las partes no han acordado, voluntariamente, un monto de manutención, una corte puede ordenar una garantía de pago de manutención de niños. Esto puede tomar la forma de una constitución y mantenimiento de póliza de seguro de vida, o la creación de un fideicomiso para los niños. Algunos estados exigen que se haga esto.

Asimismo, la corte puede ordenar al padre que paga la manutención que el obtenga una póliza de seguro de vida a fin de salvaguardar el cumplimiento del plan de pago. En algunos estados, una orden de [cumplimiento de] manutención de niños puede derivar, automáticamente, en un gravamen sobre las propiedades del padre encargado de dichos pagos, de tal manera que si se incumple la manutención por falta de pago, la propiedad puede rematarse a fin de satisfacer la deuda u obligación impaga.

Una corte también puede ordenar que la salud del padre este cubierta por un seguro de salud a través de una orden que se denomina orden de manutención médica calificada de niños. Mediante este fallo la corte ordena que el plan de cobertura de salud colectiva del padre basada en el seguro del empleador amplié su cobertura para cubrir, también, al niño. El empleador puede cobrarle al padre cualquier prima para ejecutar esta orden.

Si el padre que tiene la obligación de pagar la manutención esta cubierto por un plan de pensiones o jubilación en su trabajo, la corte, a través de una orden denominada orden de relaciones domésticas cualificadas, también puede ordenar a su empleador que incluya al niño como beneficiario del plan como garantía del cumplimiento de la orden de manutención de niños.

Muchos estados usan formularios específicos para las órdenes de manutención de niños, así que asegúrese de cubrir todos los requisitos estatales. Solicite a su corte local, o la oficina del secretario de la corte, una copia de los formularios apropiados. Puede hallar un modelo de formulario de Orden de Manutención de Niños en las páginas 80 a 87.

MODELO DE ORDEN DE MANUTENCÓN DE NIÑOS

EN LA CORTE _____ DEL ESTADO _____

Solicitante,   )
v.   ) No. _____
Demandado.   )

ORDEN DE MANUTENCIÓN DE NIÑOS

Considerando que, el Solicitante, habiendo presentado una petición, juramentada en _____,
_____, alegando que, el Demandado es imputable con la manutención de (especifique el/los niño(s))

_____

y

(Marque el cuadro apropiado):

( ) Considerando que, el Solicitante, habiéndose presentado ante esta Corte para responder el petitorio, habiendo sido aconsejado por la Corte de su derecho a contra con un abogado y a demostrar por qué una orden de manutención y otra ayuda reclamada en la petición no debería conferirse; y el Demandado habiendo ( ) negado ( ) admitido las alegaciones de la petición.

O

( ) Considerando que, el Demandado, habiendo no comparecido ante esta Corte y al no haber hecho uso de su derecho de responder a la petición luego de haber sido notificado apropiadamente; y

El asunto, habiendo sido presentado de forma debida ante esta Corte;

AHORA, luego de examinar e investigar los hechos y circunstancias del caso (y luego de escuchar las pruebas y los testimonios ofrecidos en relación con ellos), la Corte halla que:

1. La obligación básica de manutención para el/los siguiente(s) niño(s) es de $_____

Nombre   **Fecha de Nacimiento**   **# Seguro Social**

2. La madre es el progenitor ( ) con custodia ( ) sin custodia, cuya fracción prorrata de la obligación básica de manutención de niños es de $_____.

3. El padre es el progenitor ( ) con custodia ( ) sin custodia, cuya fracción prorrata de la obligación básica de manutención de niños es de $_____.

4. La Corte halla además que (marque el recuadro que aplique)

    ( ) La fracción prorrata de la obligación básica de manutención de niños del progenitor sin custodia no es ni injusta ni inapropiada;

    ( ) Luego de considerar los siguientes factores, la fracción prorrata de la obligación básica de manutención de niños del progenitor sin custodia es ( ) injusta ( ) inapropiada e infundada por las siguientes razones [especifique]:

La Corte halla además que las partes han estipulado voluntariamente una manutención de niños para el/los siguiente(s) niño(s) (especifique):

pagadero por (especifique):_____ a (especifique):_____

por la cantidad de $ _____ ( ) semanalmente ( ) cada dos semanas.

La(s) razón(es) de las partes para acordar a la manutención de niños por una cantidad diferente de la obligación básica de manutención de niños (es) (son) (especifique):

La Corte aprueba el acuerdo voluntario entre partes de aplicar la obligación básica de manutención de niños de forma diferente, y basa esta decisión en las siguientes razones y consideraciones:

5. El nombre, dirección y número de teléfono del/los empleador(es) actual(es) del Demandado son:

Nombre	Direción	Teléfono

AHORA, luego de examinar e investigar los hechos y circunstancias del caso (y luego de escuchar las pruebas y los testimonios ofrecidos en relación con ellos), se ORDENA Y SENTENCIA que:

A. el Demandado es imputable con la manutención de la(s) siguiente(s) persona(s) y posee suficientes medios y es capaz de devengar tales medios para proporcionar el pago de la cifra de $ _____ ( ) semanalmente ( ) cada dos semanas

Nombre	# Seguro Social	Fecha de Nacimiento	Cantidad	Por Periodo de Tiempo

B. el Demandado es responsable de la manutención a partir de la fecha de presentación de la petición hasta la fecha de esta Orden (menos la cantidad de $ ____ ya pagada) y que el Demandado pague la suma de $ ____ de la siguiente manera:

$_____ inmediatamente, y $_____
( ) semanalmente ( ) cada dos semanas;

C. el Demandado, luego de recibir notificación de esta orden, pague o cause que la(s) cantidad(es) antes citadas sean pagadas ( ) en efectivo ( ) con cheque ( ) con cheque certificado ( ) con giro postal a: ( ) el Solicitante ( ) la Agencia Central de Cobro de Manutención de Niños, con tales pagos comenzando en (especifique):_____;

D. Una Orden de Retención sea ejecutoria inmediatamente y esta Orden será ejecutoria en cualquier otra manera provista por la ley;

E. La Corte, habiendo determinado que (marque el recuadro que aplique):

( ) El/Los niño(s) actualmente están cubiertos por el siguiente plan de seguro médico (especifique): _____ el cual es mantenido por (especifique la parte):_____

( ) La cobertura de seguro médico estaría disponible a uno de los padres o a un pariente legalmente responsable (especifique el nombre):_____ bajo el siguiente plan de seguro médico (especifique, si lo sabe): _____, el cual provee los siguientes beneficios de seguro médico (especifique la extensión y el tipo de servicios de cuidado de salud u otros beneficios del cuidado de salud): _____

( ) La cobertura de seguro médico está disponible a ambos padres de la siguiente manera:

Nombre	Plan de Seguro Médico	Prima o Contribución Beneficios

POR LO TANTO SE ORDENA que:

( ) _____ continúe manteniendo la cobertura de seguro médico para el/los siguiente(s) dependiente(s) elegible(s) (especifique): _____ bajo el plan antes mencionado mientras esté disponible.

( ) _____ se inscriba el/los siguiente(s) dependiente(s) elegible(s):_____ bajo el siguiente plan de seguro médico (especifique): _____ inmediatamente y sin tomar en cuenta las restricciones temporales de inscripción, efectivamente desde el (especifique fecha): _____, _____, y mantenga tal cobertura mientras esté disponible de acuerdo con la Orden de M anutención Médica Cualificada para Niños.

O

( ) Esta Corte, habiendo hallado que ninguno de las partes tiene cobertura de seguro médico disponible para cubrir al/a los niño(s), por este medio ORDENA que el progenitor con custodia (especifique el nombre): _____ deberá solicitar para inscribir el/los niño(s) elegible(s) en el _____ (plan de seguro médico para niños del estado).

Y la Corte halla adicionalmente que:

La madre es el progenitor ( ) con custodia ( ) sin custodia, cuya fracción prorrata del costo o las primas para obtener o mantener la cobertura de seguro médico es de _____;

El padre es el progenitor ( ) con custodia ( ) sin custodia, cuya fracción prorrata de la obligación básica de manutención de niños es de _____;

Y la Corte también halla que (marque el cuadro que aplique):

( )   Cada padre deberá pagar el costo de las primas o la contribución familiar en la misma proporción que sus ingresos son al ingreso paternal combinado según citado anteriormente;

O

( )   Luego de considerar los siguientes factores (especifique): _____ el prorratear el pago sería injusto o inapropiado por las siguientes razones (especifique):_____ y, por lo tanto, los pagos deben designarse de la siguiente manera (especifique): _____ _____.

La parte legalmente responsable notificará inmediatamente a la otra parte de cualquier cambio en los beneficios de seguro médico, incluyendo cualquier terminación de beneficios, cambios en el portador o las primas de los beneficios de seguro médico o la extensión y disponibilidad de beneficios existentes o nuevos; (especifique el nombre): _____ deberá ejecutar y entregar a (especifique el nombre):_____ cualquier formulario, documento o instrumento para asegurar el pago puntual de cualquier reclamo de seguro médico para el/los niño(s);

La omisión deliberada de obtener beneficios de seguro médico en violación de esta orden resultará en obligación por todos los gastos de cuidado médico incurridos en nombre del/de los dependiente(s) antes mencionado(s) a partir del primer día que tal(es) dependiente(s) ( ) era ( ) eran elegibles a inscribirse para recibir los beneficios de seguro médico luego de la emisión de tal orden o el cumplimiento ordenando la adquisición de tal cobertura;

La fracción prorrata de los gastos médicos razonables futuros del/de los niño(s) no cubiertos por el seguro deberán ser pagados por _____ como (marque el cuadro que aplique): ( ) pagos directos al proveedor de cuidado de salud ( ) otro (especifique): _____;

Si los beneficios de seguro médico del/de los niño(s) antes mencionados no disponibles actualmente se hacen disponibles en el futuro al demandado/solicitante, tal parte deberá inscribir al/a los dependiente(s) que son elegibles para tales beneficios inmediatamente y sin tomar en cuenta las restricciones temporales de inscripción y deberá mantener tales beneficios mientras estén disponibles.

F. ( ) El progenitor sin custodia, pague la cifra de $_____ ( ) su fracción proporcionada de los gastos de manutención de niños razonable, a pagarse de la siguiente manera:_____

_____

_____.

G. ( ) El progenitor sin custodia, pague la cifra de $_____ como gastos de educación por ( ) pago directo al proveedor de educación ( ) otro (especifique)

_____.

H. ( ) El solicitante/demandado marque los cuadros que apliquen: ( ) comprar y mantener una póliza de seguro ( ) de vida y/o ( ) de accidentes por la cantidad de (especifique): _____ y/o ( ) mantener la siguiente póliza ( ) de vida y/o de accidentes existente por la cantidad de (especifique): _____

y/o ( ) asignar al/a los siguiente(s) como ( ) beneficiario ( ) beneficiarios (especifique): _____ de la siguiente póliza o pólizas ( ) de vida y/o ( ) de accidente existente(s) (especifique la póliza o pólizas y la(s) cantidad(es)): _____

En caso de seguro de vida, los siguientes tienen que ser designados como beneficiarios irrevocables (especifique):_____

durante el siguiente periodo de tiempo (especifique):

_____

En caso de seguro de accidentes, la parte asegurada deberá designarse como beneficiario irrevocable durante el siguiente periodo de tiempo (especifique):

_____

La obligación de proporcionar tal seguro cesará al terminar el deber de (especifique parte): _____

_____de proporcionar manutención para cada niño.

DICTADO POR
Juez u Oficial de Audiencia
Fecha: _____
Marque el cuadro que aplique:
( ) Orden enviada por correo en (especifique la(s) fecha(s) y a quién fue enviada): _____
( ) Orden recibida en corte en (especifique la(s) fecha(s) y a quién fue entregada): _____

Como Responder a una Petición para Manutención de Niños

Cuando lo notifiquen con una petición para manutención de niños, usted puede negar la paternidad, admitir la paternidad, disputar la cantidad de manutención buscada o acordar pagar la manutención.

Prescripción

Si usted desea disputar la paternidad, verifique para asegurarse que la petición fue presentada dentro del plazo legal. La mayoría de los estados contemplan una prescripción del derecho de presentar un caso. Muchos estados requieren que se establezca la paternidad para la mayoría de edad del niño, la cual por lo general es a los 18 años de edad. Algunos estados permiten que se establezca la paternidad dentro de dos a tres años después que el niño alcanza la mayoría de edad. Si el caso para establecer la paternidad se presenta oportunamente, muchos estados permiten una orden de manutención a partir de la fecha de nacimiento del niño. Otros limitan el tiempo anterior que una orden de manutención de niños puede cubrir.

Paternidad

La paternidad puede plantearse como una defensa contra la petición de manutención de niños. Para que se le ordene pagar la manutención de niños, usted tiene que ser hallado como el padre del niño en cuestión. Si usted duda de ser el padre, puede negar la alegación y en su caso se programará una cita médica para llevar a cabo una prueba de ADN. Si la prueba determina que usted no es el padre, el caso será archivado. Si la prueba muestra que usted es el padre, la corte dictará un fallo de paternidad y una orden de manutención de niños. Usted también puede presentar una demanda o petición de custodia, visitas y/o manutención de niños junto con su respuesta.

Presentación de Datos Financieros

Usted tal vez desee disputar el monto de manutención de niños solicitada debido a que esta es el resultado de datos incorrectos y no refleja sus ingresos, ajustes o gastos. Los montos previstos por las guías oficiales estatales pueden ajustarse, variablemente, hacia arriba o abajo debido a varios factores. Si usted está de acuerdo con la manutención de niños que se debe, usted debe responder a la demanda o petición y presentar su propio affidávit o declaración jurada financiera. La corte la revisará para que está pueda formar un cuadro completo de las necesidades del niño y evaluar los recursos de los padres, y de esta manera determinar el monto apropiado de manutención de niños ha ser fijado.

NOTA: Tenga presente, sin embargo, que el no obtener la visita acordada (u ordenada) no es una defensa para evitar pagar la manutención de niños.

También es importante tener presente que una vez que se dicta la orden de manutención de niños por la corte, ésta debe pagarse con dinero y no en especie. Los regalos de ropa y otros artículos en lugar de dinero no serán descontados de la cantidad que se debe, a menos que la corte le dé un permiso previo al padre para pagar de esta manera.

Incumplimiento

El ignorar un reclamo de manutención de niños no previene que se dicte un fallo de manutención. Todos los estados requieren que el acusado (quien también puede llamarse el demandado) responda dentro de determinado plazo a la notificación de la petición de manutención de niños. Por ejemplo, la citación puede requerir que la contestación (o respuesta) se presente dentro de treinta días.

Si el acusado no responde, él o ella puede ser declarado en rebeldía. Esto significa que el caso procede sin que el acusado esté presente. La corte puede legalmente determinar que el acusado es la madre o el padre y es responsable de pagar la manutención de niños y puede imponer el pago de otros costos y costas procesales sobre el padre que esta en franco desacato a la corte por su continuo incumplimiento de deberes.

Un padre puede disputar un fallo en rebeldía por incumplimiento de parte si esté no fue notificado debidamente. El padre tiene que demostrar que él o ella no recibió ni la demanda o petición ni la citación, y que actúo oportunamente para subsanar el asunto apenas él o ella se enteró del caso.

Quizás el peligro mayor del no responder a una demanda o petición de manutención de niños es que la corte, en un caso de incumplimiento de obligaciones, dependerá solamente de los montos contemplados en las guías de manutención de niños. También, el padre que presenta la petición podrá introducir evidencia de necesidad adicional, y por consiguiente, la cantidad de manutención puede ser más alta que las guías. La cantidad de manutención tal vez no refleje su capacidad de pagar. No obstante, la manutención atrasada no podrá modificarse. Evitar el caso podría empeorar su situación gravemente.

Capítulo 6

La Colaboración con su Agencia Local de Cumplimiento de Manutención de Niños

Cada estado tiene una agencia de cumplimiento de manutención de niños. Estos programas están diseñados para mejorar la autosuficiencia de las familias a través de un aumento de ayuda financiera y médica, y para establecer la paternidad para niños nacidos fuera del matrimonio. Algunos estados le permiten a estos programas establecer la paternidad y la manutención de niños por medios administrativos, lo cual es más rápido que el ir a la corte. Una orden administrativa tiene el mismo peso legal, y obligatoriedad, que aquella dictada por una corte.

Cada agencia estatal provee algunos servicios básicos, incluyendo:

■ el establecer la paternidad;
■ hallar a los padres;

■ emitir y hacer cumplir las órdenes de manutención de niños;

■ modificar las órdenes de manutención de niños; y,

■ cobrar y distribuir los pagos de manutención de niños.

La mayoría de los programas no proveen los siguientes servicios:

■ divorcio;

■ custodia/visita;

■ órdenes de protección; y,

■ órdenes de manutención conyugal.

Si usted necesita otros servicios además de aquellos provistos por la agencia local de manutención de niños (tales como divorcio o asistencia de ayuda), la agencia tal vez le ofrezca referencias, ya que muchas agencias han formado consorcios con proveedores de servicios privados en la comunidad local.

Cómo Iniciar un Caso

Cualquier padre o madre que necesita establecer o modificar una orden de manutención de niños (o de paternidad) puede usar los servicios de una agencia de manutención de niños. Si usted no recibe asistencia pública, puede haber un pequeño cobros por los servicios, al igual que otros cobros que pueden deducirse de los pagos que usted recibe (o hace).

Para iniciar un caso con una agencia de manutención de niños, usted tiene que visitar la agencia local apropiada. Esté listo(a) para completar cierta cantidad de papeleo para proporcionar información acerca de usted, el otro padre y sus niños.

¿Qué Debería Traer?

Cada agencia tiene sus propios formularios. Todas requieren al menos la siguiente información:

Acerca de usted y el otro padre:

- nombres;
- direcciones;
- fechas de nacimiento;
- números de Seguro Social;
- fotos recientes del otro padre;
- nombres, direcciones y ocupaciones de los empleadores;
- información de ingresos, tales como las declaraciones de impuestos por los últimos dos años;
- certificado de matrimonio y documentos de divorcio, si existe alguno; y,
- cualquier información adicional que ayudará a localizar al otro padre, tales como los nombres y direcciones de familiares, amigos, clubes, asociaciones y patronos anteriores.

Acerca de cada niño:
- nombre (y dirección si el niño no vive con usted);
- certificado de nacimiento;
- número de Seguro Social del niño;
- cualquier necesidad o gasto especial;
- prueba de paternidad (incluso las cartas o notas provenientes de un padre pueden ayudar si no hay evidencia oficial);
- cualquier manutención previamente pagada; y,
- cualquier orden de manutención de niños anterior.

El Manejo del Caso

Su caso será asignado a un trabajador social, quien seguidamente usará las herramientas de cumplimiento disponibles para hallar al otro padre y notificarle que se puede tomar acciones legales en su contra para obtener una orden de manutención de niños.

Por ejemplo, su agencia de cumplimiento de manutención de niños puede tener recursos para hallar al padre ausente. Las agencias de cumplimiento de manutención de niños tienen oficinas del *State Parent Locator Service* (Servicio Estatal de Ubicación de Padres o SPLS por sus siglas en inglés) para localizar al padre ausente. El SPSL usará el número de Seguro Social del padre para verificar los expedientes de otras agencias dentro de su estado, tales como la matrícula del vehículo, seguro de desempleo y agencias de impuestos, así como institutos de cárcel o prisión en un esfuerzo para hallar al padre ausente. También pueden solicitar información de las compañías de servicios, escuelas, empleadores y oficinas de correos.

Aún así, puede pasar de uno a seis meses antes de que los procedimientos necesarios se lleven a cabo y se dicte una orden de manutención. Este periodo puede ser más largo si el otro padre vive fuera del estado o hay muchos casos acumulados.

Aplicación de las Directrices

La agencia utiliza las directrices estatales de manutención de niños para calcular el monto de manutención pagadero. Todas las órdenes dictadas a través de la agencia de manutención de niños contemplan la cobertura médica del niño (tal como incluir al niño en la póliza del empleador pagar directamente por el seguro médico o las facturas de atención médica).

Retención de Ingresos

Todas las órdenes de manutención de niños dictadas a través de la agencia de manutención de niños deben tener una retención de ingresos inmediata, a menos que ambos padres acuerden un arreglo diferente. Vea el Capítulo 7 para más información y una muestra de una orden de retención. Si se dicta una orden de retención inmediata, generalmente un atraso de un mes automáticamente provoca la orden de retención. El empleador entonces tiene que tratar la orden como cualquier otra deducción de nómina. Si el padre no tiene un empleador, algunas agencias usan facturaciones automáticas, recordatorios por teléfono y notificaciones de delincuencia, además de las otras herramientas de cumplimiento para obtener el pago.

Todas las órdenes de retención de ingresos son pagadas directamente a las agencias de manutención de niños. Las agencias de manutención de niños están obligadas por ley a distribuir oportunamente los pagos de manutención cobrados.

Revisión Periódica

Las agencias de manutención de niños revisarán las órdenes de manutención de niños al menos cada tres años o si hay un cambio significativo en las circunstancias (al solicitarse por un padre). Algunos estados hacen esto automáticamente.

Para muchos padres, obtener la orden de manutención de niños es sólo el primer paso para cobrar la manutención. El desafío mayor es cobrar la manutención retrasada o adeudada. Mientras que algunos padres sin duda pagan puntualmente toda la manutención de niños ordenada, muchos otros no lo hacen. Algunos se mudan a otros estados, y aunque cuentan con suficientes recursos, sienten que no tienen por que pagar. Por todo esto el gobierno decidió intervenir en esta área y promulgo nuevas opciones de cumplimiento. Estas leyes sirven para facilitar el cumplimiento dentro del mismo estado y hacen las leyes uniformes para los padres que viven en estados diferentes.

Varios estados han formado asociaciones con compañías privadas para aumentar el cobro de manutención de niños.

Los "Padres Morosos Más Buscados"

Algunos estados han comenzado a celebrar conferencias de prensas y a desarrollar comunicados de prensas acerca de los padres más morosos del estado. Uno de los métodos más nuevos que está generando mucha atención acerca de los padres que se niegan a pagar la manutención de sus niños es la publicación de Afiches de "Se Busca" en el Internet, nombrando a los padres morosos que deben grandes cantidades de manutención de niños. Estas estrategias han recibido una fuerte respuesta de los padres incluidos en la lista.

En el 2000, Alabama comenzó a permitir que los periódicos del estado y el sitio Web del Departamento de

Recursos Humanos publicaran listas de los nombres y fotos de diez padres de cualquier condado que se hayan retrasados en el cumplimiento de sus obligaciones de manutención de niños y pedir la ayuda del público para localizar estos padres. Los padres morosos reciben una notificación antes de la publicación y pueden detener la divulgación pública de su nombre y foto si ellos:

- realizan un pago de manutención de niños de al menos la cantidad mensual requerida por la orden de manutención o un porcentaje de los pagos de manutención de niños atrasados y sin pagar, la que sea mayor;
- dan su dirección actual;
- proveen verificación de sus empleadores actuales de sus salarios y compensaciones; y,
- presentan prueba de algún arregló mediante el cual se acordó una retención de sus salarios u otra compensación para pagar por los pagos de manutención de niños y los pagos morosos.

A nivel federal, el Servicio de Correo de los Estados Unidos está colaborando con los estados para exhibir en las oficinas de correos listas de los padres más buscados que deben la manutención de niños. Cada estado puede proporcionar su lista al Servicio de Correo, y la lista será exhibida en las oficinas de correo dentro del estado.

Padres que Viven Fuera del Estado

Alrededor del 30% de los padres que deben la manutención de niños atrasada no vive en el mismo estado que sus niños. Como es de esperar, los casos de manutención de niños más difíciles son aquellos en que el padre al que se le ordena pagar manutención de niños vive en un estado y el niño y el padre con custodia viven en otro. Todos los estados contemplan diversos métodos para obtener la manutención en estos casos.

Métodos relativamente nuevos de rastrear los padres están facilitando el hallar padres ausentes y hacer cumplir las órdenes de obligaciones morosas. En la década del 1990, la Oficina Federal de Cumplimiento de Manutención de Niños emprendió un programa preliminar para rastrear a estos deudores morosos. En un corto periodo de tiempo, se ha localizado a más de 60.000 padres morosos bajo un programa de pareo dirigido por ciertos estados.

Esto llevó a la creación de nuevas leyes federales en 1996 que establecieron el Registro Federal de Casos y el Directorio Nacional de Nuevos Empleados para rastrear a los padres morosos a través de a fronteras estatales. Los empleadores ahora están obligados a informar a las agencias estatales acerca de todos los nuevos empleados, y estas a su vez envían la información de los nuevos empleados al Directorio Nacional. Este programa es muy efectivo. En los primeros seis meses de operación, el Directorio Nacional halló a más de 90.000 padres morosos que debían la manutención de niños.

Bajo una ley federal llamada la Ley Interestatal Uniforme de Ayuda Familiar (*Uniform Interstate Family Support Act*, UIFSA por sus siglas en inglés), las agencias de cumplimiento están obligadas a cooperar unas con otras en el manejo de las peticiones de ayuda. Todos los estados han adoptado leyes de UIFSA substancialmente similares al modelo federal y dependen de estas leyes al ejercer el cumplimiento en otros estados. La UIFSA provee poderes extensos a los estados para extenderse más allá de sus fronteras al establecer las órdenes de manutención. Todos los estados tienen un Registro Central para recibir los casos interestatales entrantes de manutención de niños, revisarlos para asegurar que la información dada está completa, distribuirlos a la oficina local correcta y responder a las indagaciones de las oficinas de manutención de niños en otros estados. La información en el registro entonces se envía regularmente al registro federal para el pareo o cotejo con nuevos empleados y otros datos financieros y residenciales informados.

> **NOTA:** Esté preparado a esperar; puede tomar varios meses para que el padre con custodia reciba manutención de un padre fuera del estado.

Sistemas de Localización de Padres

Una parte de la ley de reforma de asistencia social de 1996 exigió el desarrollo de lo que se llama actualmente el Servicio Federal de Localización de Padres (Federal Parent Locator Service, FPLS). La intención del FPLS era coordinar la comunicación entre ciertas agencias federales y estatales con los empleadores y las instituciones financieras. Partes del sistema se llamaban el Registro de Casos, el Directorio Nacional de Nuevos Empleados, Programa de Compensación (de impuestos) Federal, Programa de Denegación de Pasaportes y el Pareo de Datos de Instituciones Financieras. Para finales del 1999, estos programas se unieron y se implementó el FPLS. Ahora se puede acceder a un banco de datos para hallar información acerca de nuevos empleados, reembolsos de impuestos, solicitud o peticiónes de pasaportes, cuentas bancarias, salarios y seguros de empleos para parear o cotejar casos activos de manutención de niños. Estas agencias tienen acceso a:

- registros de nacimientos, muertes y otras estadísticas demográficas;
- registros de impuestos federales y estatales;
- registros de bienes raíces;
- registros de vehículos de motores, incluyendo información de títulos de vehículos;
- licencias ocupacionales;
- licencias recreativas;
- licencias de negocios;
- registros laborales de desempleo;
- información de asistencia pública;
- expedientes de la policía y autoridades públicas;
- información de facturación de servicios públicos; y,
- compañías de cable.

Las agencias de manutención de niños incluso pueden dictar una orden de comparecencia para la información de tarjetas de créditos o colocar una bota o grampa mecánica en el automóvil de un padre moroso. Por ejemplo, el programa de grampas de autos de Virginia ha recaudado más de $65 millones.

Si el padre ausente se mudó fuera del estado, el estado puede pedirle ayuda al FPLS. El FPLS buscará los expedientes del Servicio de Impuestos Internos (Internal Revenue Service, IRS), la Administración de Seguro Social, el Departamento de Asuntos de Veteranos y las Agencias de Seguridad de Empleos (entre otras) para una dirección actual o información de empleo del padre ausente. El FPLS también puede hallar la posta o destino militar de cualquier pagador que sirve en el ejercito.

Cuando el pagador moroso está en el mismo estado que el niño, el Servicio Estatal de Localización de Padres (State Parent Locator Service, SPLS) puede usar los mismos métodos para verificar los expedientes de agencias locales. En enero de 2004, Kentucky inició un nuevo sistema automatizado que envía los casos de manutención de niños atrasada a su Departamento de Rentas para hacer más fácil la confiscación de cuentas bancarias, salarios y reembolsos de impuestos y el imponer gravámenes contra residencias y propiedades de los padres morosos. El proceso funciona primero avisando al padre que él o ella tiene veinte días para hacer un esfuerzo de buena fe por pagar. Si él o ella omite hacerlo, el caso se entrega al departamento de rentas.

Por Ejemplo: Ohio tiene un programa que congela la venta o refinanciamiento de una residencia si el nombre del dueño corresponde con el registro estatal de padres morosos de manutención de niños. Implementado en el otoño del 2003, el programa inmediatamente comenzó a obtener resultados. En un caso, un hombre fue obligado a pagar $25.000 antes que él pudiera vender sus dos casas.

Si usted intenta cobrar pagos por cuenta propia, aún así puede solicitar asistencia de la agencia de manutención de niños para hallar al otro padre. Generalmente hay una solicitud o petición y un pequeño honorario por este servicio limitado de localización de padres, y puede tomar varios meses completar la investigación de la agencia. Se le pedirá proporcionar tanta información acerca del padre ausente como sea posible, incluyendo su nombre, número de Seguro Social, fecha de nacimiento, dirección, nombres y direcciones de sus padres y amigos, información de empleadores pasados y cualquier otra información que usted pueda tener que ayude a localizar al padre ausente.

Liquidación de Seguros

Un nuevo método de cobro se hace interceptando la liquidación de reclamos de seguros. Alrededor de un 4% de las personas que reclaman seguros tienen pagos de manutención de niños en mora. Hasta el momento varios estados se han unidos en una Red de Gravámenes para Manutención de Niños (Child Support Lien Network) para combinar los casos de manutención de niños con deudores morosos en un banco de datos que parea la información de liquidación de seguros. La Red de Gravámenes para Manutención de Niños fue desarrollada originalmente en Rhode Island y se ha expandido para incluir Arkansas, California, Connecticut, Florida, Illinois, Iowa, Maine, Misuri, Nueva Hampshire, Nueva Jersey, Nuevo México, Oklahoma, Pennsylvania, Rhode Island, Dakota del Sur, Tennessee, Texas, Vermont, Virginia y Virginia Occidental. Una vez se encuentra una correspondencia, la compañía de seguros notifica al estado apropiado y se presenta un gravamen contra las ganancias. La red estima que $2 mil millones de reclamos de compensación por lesiones corporales e indemnización del trabajador pueden redirigirse a órdenes de manutención de niños. Por ejemplo, en los primeros seis meses luego que Iowa se unió a la Red, pareó reclamos de seguros abiertos en cincuenta y seis casos y obtuvo $8,8 millones de pagos de liquidación de seguros.

Pareo de Datos de Instituciones Financieras

El programa Pareo de Datos de Instituciones Financieras se desarrolló como resultado las reformas de asistencia social de 1996. Las leyes requieren que los bancos y otras instituciones financieras acuerden en proporcionar información acerca de cuentas para compararla con expedientes de manutención de niños. Antes de instituirse este programa, los pagadores morosos colocaban su dinero en cuentas bancarias desconocidas. Incluso si el padre o la agencia a la que se le debía hallaban la cuenta, se requería notificar al padre y una orden del juez para confiscar la cuenta. Para entonces, el dinero había desaparecido. Ahora, una vez que la computadora identifica la cuenta, ésta queda congelada inmediatamente si el pagador moroso cumple con ciertos criterios. Cada estado puede determinar los factores específicos necesarios para comenzar la confiscación.

Por Ejemplo: En Carolina del Sur, el pagador tiene que deber al menos $1.000 o estar atrasado por seis meses o más. El padre moroso tiene diez días para disputar la confiscación o el dinero se paga contra el atraso.

Negación o Pérdida de Licencia

Parte de las reformas de cumplimiento de manutención de niños que han entrado en efecto le permiten a los estados suspender o negar la aplicación para licencias de conducir o licencias profesionales. Esta herramienta es muy eficiente a la hora de pedirle a la corte que la use en hacer cumplir una orden de manutención. *Deadbeats*

Don't Drive (Padres Morosos No Manejan) es el apodo de una serie de leyes aprobadas en un esfuerzo por hacer que los padres se pusieran al día en la manutención de niños atrasada. En la década del 1990, unos cuantos estados autorizaron restricciones sobre las licencias cuando los padres rehusaron pagar su orden de manutención. A finales de la década del 1990, como parte de otras leyes de reforma de asistencia social, se requirió que todos los estados comenzaran el proceso de aprobar leyes para restringir o suspender las licencias por dejar de pagar la manutención de niños. Hoy día, todos los estados tienen vigente una versión de estas leyes.

Por Ejemplo: En Illinois, un padre moroso típico está atrasado por ocho meses en sus pagos y debe alrededor de $1.500. La ley de responsabilidad financiera aplica a los padres que están atrasados por tres meses o más. El juez notifica a la oficina del secretario del estado que él o ella tiene al padre bajo desacato por dejar de pagar la manutención de niños y entonces se le notifica al conductor que él o ella tiene sesenta días para pagar o su licencia será suspendida. La corte puede ordenar un permiso por adversidad para viajar al trabajo o para propósitos médicos durante el periodo de la suspensión. La mayoría de los padres pagan en lugar de perder sus licencias.

La ley de Nebraska permite que el estado suspenda las licencias de conducir, recreativas y profesionales de los padres que deben más de tres meses de manutención. Para evitar la suspensión, el padre debe estar de acuerdo con un plan de pago para el pago de la manutención de niño atrasado.

En Misisipi, la ley de suspensión de licencias aplica a todas las ocupaciones y profesiones reguladas, desde barberos a trabajadores sociales hasta médicos, y se extiende a aquellos que buscan licencias de negocios, al igual que las licencias de conducir y licencias de caza y pesca. Misisipi tiene un banco de datos que une la información de las licencias contra aquellos que están al menos dos meses atrasados en sus pagos. Una vez quedan notificados, si el padre moroso no puede acordar un plan de pago, la agencia que otorga la licencia la suspende. Una licencia suspendida puede restituirse si el padre moroso subsiguientemente paga o acuerda un plan de pago. Estas sanciones son muy efectivas.

También es importante notar que su estado puede permitir esta sanción aún después que el niño alcanza la mayoría de edad si todavía se debe manutención atrasada.

Pérdida del Reembolso de Impuestos

Desde principios de la década del 1980, el Departamento del Tesoro de los Estados Unidos ha estado interceptando los reembolsos de impuestos para cobrar la manutención de niños en mora. Todos los estados participan en este programa. Para el 1995, el gobierno federal estimó que más de mil millones de dólares en reembolsos habían sido interceptados para 1,2 millones de familias. El gobierno federal es muy agresivo con este programa—para el 1996, los reembolsos interceptados habían aumentado por 66% desde el 1992.

Sólo en el 2004, casi 1,4 millones de familias se beneficiaron de los $1,5 mil millones de manutención de niños atrasada cobrada por los programas de intercepción de reembolsos de impuestos. La cantidad promedio cobrada fue de $1.104.

Hoy día, puede negarse la asistencia financiera federal y se pueden interceptar los pagos de retiro de servicio civil y los pagos de salario federal para pagar la manutención de niños atrasada. Esto permitió que se interceptaran $1,64 mil millones, con aproximadamente $264 millones en forma de reembolsos de impuestos. Hoy día, incluso las ganancias de lotería de padres pueden estar sujetas a intercepción y aplicarse a la manutención de niños atrasada.

Por Ejemplo: En Luisiana, los hipódromos y los casinos están autorizados para interceptar las ganancias de más de $1.200 si el padre está retrasado en la manutención de niños.

La intercepción de reembolsos de impuestos es posible hoy día porque la mayoría de los estados ahora tienen sistemas computarizados de bancos de datos que registran la manutención de niños que se debe y los pagos para ese estado. Ésta es otra razón por la cual es útil hacer los pagos a través del secretario de la corte. Una vez al año, los estados reportan los nombres de los padres que deben manutención de niños atrasada al Servicio de Rentas Internas y al departamento de rentas del estado. Estas agencias federales y estatales a su vez deducen las cantidades atrasadas y la pagan a la cuenta de manutención de niños estatal para pago al padre a quien se le debe la manutención.

Ahora, los niños adultos a quien se le debe la manutención de niños pueden usar el programa de intercepción de reembolsos de impuestos. Hay cantidades de entrada que tienen que estar atrasadas para elegibilidad en el programa.

Para proteger contra los errores inevitables, antes que se intercepte cualquier reembolso, se envía una notificación a la última dirección conocida del padre pagador, explicándole el programa y cómo él o ella puede apelar. Si la cantidad enviada al estado es más que la cantidad que se debe en el momento que se recibe el reembolso de impuestos, la cantidad sobrante será reembolsada al padre que pagó los impuestos.

Hay un número de limitaciones en los esfuerzos de intercepción de impuestos. Por ejemplo, no importa cuánta manutención de niños se deba, lo más que puede interceptarse es la cantidad del reembolso. También, sólo la cantidad sometida será interceptada.

También, para minimizar el repago de una cantidad interceptada, las cantidades interceptadas de una declaración de impuestos federal conjuntas son retenidos por hasta seis meses antes de pasarse al padre a quien se le debe la manutención. Aún esto no garantiza que el dinero recibido no será revocado por el IRS o el departamento de rentas del estado, por que las declaración de impuestos pueden enmendarse por hasta seis años.

Denuncia ante las Agencias de Créditos al Consumidor

Si un padre debe una cantidad considerable de manutención de niños atrasada, él o ella puede ser denunciado ante las agencias de créditos al consumidor que rastrean los expedientes o historial de crédito. El tener una deuda de manutención de niños en su historial de crédito puede significar no ser capaz de obtener un préstamo o una nueva tarjeta de crédito.

Gravámenes y Confiscación de Propiedad

Un estado puede permitir gravámenes contra cualquier bien inmueble del pagador en ese estado. En algunos estados, todos los fallos de manutención de niños son gravámenes automáticos sobre los bienes inmuebles del padre tales como su residencia. El gravamen evita que el padre que debe la manutención de niños venda o refinancie su propiedad hasta que se pague toda ·la manutención de niños atrasada.

Un padre puede buscar confiscar y vender la propiedad del otro padre que debe una cantidad substancial de manutención de niños atrasada. Si el padre que debe manutención atrasada tiene cuentas bancarias o inversiones, estos activos a veces se confiscan para pagar la manutención de niños mediante un proceso conocido como embargo. La Ley Federal de Protección del Crédito del Consumidor limita la cantidad que salarios que pueden retenerse a un 60% de los salarios desechables. El porcentaje aumenta si la delincuencia es más de doce semanas. Las leyes estatales varían y pueden limitar más la cantidad disponible para embargo.

Pasaportes

Otra herramienta de cumplimiento que puede utilizarse para asistir en el cobro de manutención de niños es la negación de la aprobación para un pasaporte. Bajo regulaciones federales, las solicitud o peticiónes de pasaportes pueden negarse si el padre sin custodia debe $2.500 o más en manutención de niños atrasada.

En los primeros nueve meses del 2005 se cobraron más de $12,5 millones como resultado de este programa. En muchos casos, el cobro de grandes sumas globales de dinero vino de la negación de pasaporte para un padre que obtiene un empleo en el extranjero. Se espera que los cobros continúen aumentando ya que ahora se necesita pasaporte para viajar hacia y desde Canadá, México, América Central y Sud América, el Caribe y las Bermudas.

Desacato

Históricamente, el usar los procesos judiciales de desacato era el método de cumplimiento más usado por los padres que tenían la habilidad de pagar pero se rehusaban a hacerlo. Cuando la corte hallaba al padre en desacato de la corte, él o ella podría ser echado a la cárcel por no pagar la manutención de niños y solo se le permitía salir de la cárcel al pagar la cantidad de desacato (o una programada). Hoy día, este poder se combina con un número de otras opciones, tales como la suspensión de licencias.

Para evitar que lo acusen de desacato por no pagar la manutención, usted tiene que mostrar que usted no fue notificado de la orden, que no pudo pagar la orden o que su incumplimiento en el pago no fue deliberado. El dejar un trabajo o tomar un trabajo de menor paga intencionalmente tampoco es excusa para no pagar.

Proceso Criminal

La amenaza de un proceso criminal y el uso de recursos de cumplimiento de ley se han vuelto una consecuencia real del no pagar. En el otoño del 2003, una redada federal de los padres morosos en varios estados resultó en el arresto de más de cien padres que debían millones de dólares. Estos arrestos eran de personas que tenían los recursos para pagar pero no lo hicieron. Los padres capturados incluían profesores de universidad, un oficial estatal y un mediador de divorcios. Muchos habían huido a través de las fronteras estatales y habían cambiado sus trabajos para evitar pagar su deuda. La mayoría estaba atrasada al menos un año en sus pagos. Algunos nunca habían hecho un solo pago.

Dentro de los estados, los fiscales pueden enjuiciar a los padres morosos. A nivel federal, el gobierno federal estima que se deben miles de millones de dólares en manutención de niños a niños cuyos padres cruzaron las fronteras estatales y dejaron de pagar. Es un crimen federal dejar de pagar la manutención de niños para un niño que vive en otro estado. El Departamento de Justicia ahora investiga y enjuicia casos en los cuales los padres cruzan las fronteras estatales para evitar pagar y la cantidad que se debe es más de $5.000 o se ha quedado sin pagar por al menos un año.

Para poder enjuiciar, la Oficina del Abogado de los Estados Unidos debe demostrar que el padre pagador es capaz de pagar. Los casos se reciben prioridad incluyen aquellos en los cuales hay un patrón de mudarse de estado a estado para evitar pagar o usar un nombre o número de Seguro Social falso.

Capítulo 7

Hacer Cumplir Su Orden

Ahora que usted entiende algunas de las herramientas que existen para asistir en cobrar la manutención de niños sin pagar, usted está listo para considerar sus opciones cuando el otro padre deja de pagar en virtud a la orden dictada. Muchos padres no pagan porque creen que no serán atrapados—no porque no tienen el dinero. Un estudio reciente en California halló que alrededor de un 85% de los casos bajo cumplimiento por la agencia de manutención de niños del estado tenía atrasos, con un 80% de estos padres recibiendo un ingreso y algunos con dinero en cuentas bancarias, cooperativas de crédito y otras cuentas financieras.

Algunos casos son simplemente cuestión de hallar la nueva dirección de un padre que se muda al otro lado del pueblo. Sin embargo, alrededor de una tercera parte de los padres que deben manutención se mudan fuera del estado. En estos casos, es más difícil y lento el hacer cumplir, pero ciertamente no es imposible con los mecanismos de cumplimiento disponibles hoy día.

Considere Sus Opciones

Usted puede escoger intentar cobrar la manutención que se le debe presentando su propias demanda de cumplimiento o puede optar por contratar a un abogado. Usted puede escoger contratar a una de las muchas agencias privadas que, por un honorario, intentarán cobrar la manutención de niños atrasada. Finalmente, usted puede dirigirse a la agencia local de cumplimiento de manutención de niños para recibir ayuda. Cada uno de estos métodos tiene sus ventajas y desventajas.

El hacerlo por su propia cuenta puede ser lento y frustrante, pero es relativamente barato. El pagar a los abogados o a agencias es más costoso, pero ellos se encargan de los trámites. Las agencias públicas pueden ser las menos costosas, pero frecuentemente éstas tienen una carga de casos considerable, y puede tomar más tiempo y podrían no ser tan exitosas como los esfuerzos privados enfocados para cobrar la manutención.

La alternativa que usted escoja podría involucrar una o todas de estas opciones. Cada caso debe evaluarse en luz de cuán difícil será hallar al otro padre y cuán difícil el otro padre intente esconder sus activos.

Usar una Agencia Privada

Las agencias privadas son usadas por algunos padres para cobrar la manutención de niños. Si usted piensa contratar una agencia privada, usted tiene que estar consciente que ésta podría cobrarle alrededor de un 30% de la manutención cobrada y podría añadir varios honorarios adicionales. Algunos estados están considerando leyes que limitan cuánto pueden cobrar estas agencias.

Algunas compañías pueden buscar cobrar los honorarios aún si la agencia de manutención de niños recuperó el dinero por otros medios; por ejemplo, interceptando un reembolso de impuestos. Usted puede verificar las referencias de una compañía contactando la oficina del procurador general de su estado para ver si hay alguna queja en contra de la compañía.

Puede que una compañía quiera que usted firme un contrato por sus servicios. Asegúrese de leer la letra menuda antes de firmar para determinar qué dice el contrato. La compañía no debería cobrarle grandes honorarios si no le ha proporcionado ningún servicio. La compañía tampoco debería cobrarle por un trabajo que no llevo a cabo para recuperar la manutención atrasada.

Es importante estar consciente que una agencia de cobro privada podría requerir que usted cierre su caso con la agencia de manutención de niños como condición de su contrato. La Oficina de Cumplimiento de Manutención de Niños advierte que si usted cierra su caso con el estado, los siguientes servicios podrían no estar disponibles: rastrear cambios en el empleo del padre sin custodia a través del Directorio Nacional de Nuevos Empleados; intercepción de declaraciones de impuestos estatales y federales y de ganancias de lotería; denegaciones de pasaporte; y revocación o suspensión de licencia. (Vea el Memorando de Información desarrollado por la Oficina Federal de Cumplimiento de Manutención de Niños si está considerando trabajar con una agencia de cobro privada. El mismo está disponible en www.acf.hhs.gov/programs/cse.)

Atrasos

Un atraso es el monto de manutención de niños que se adeuda. Cuando no se paga parte o nada de la manutención de niños ordenada, la misma comienza a generar intereses y los pagos futuros tienen que incluir este interés.

Por Ejemplo: En Minnesota, si usted no paga su manutención de niños, usted tendrá que pagar la cantidad regular de manutención más un 20% adicional de su orden de manutención que se le aplicará a la cantidad atrasada. También se le cobrará interés en cualquier cantidad atrasada de manutención de niños.

Orden de Retención de Dineros

El usar una orden de retención es probablemente el mejor método para asegurar el cobro de manutención de niños. De hecho, más de un 70% de los casos en los cuales se cobra la manutención de niños, usa este método. Un estudio en Colorado revelo que, donde no había orden de retención, sólo un 18% de los padres pagó la manutención.

Es fácil obtener una orden de retención en el momento en que se dicta la orden de manutención de niños por primera vez. La orden le dice al empleador que deduzca automáticamente la cantidad de la orden (y cualquier cantidad adicional contra los atrasos, si existen) en cada periodo de pago y la envíe al padre con custodia o al registro central del estado para su desembolso.

Si las partes originalmente no solicitaron que se dicte una orden de retención, es fácil regresar a la corte y pedir una si los pagos cesan. Ésta es una de las herramientas más efectiva para obtener pagos. La ley federal limita la cantidad que puede retenerse a un porcentaje del ingreso disponible, dependiendo de si el padre que paga tiene una segunda familia y el historial de pago del padre que paga. Los atrasos son limitados de la siguiente manera:

Manutención Atrasada	Menos de 12 semanas	Más de 12 semanas
No hay otra familia	60% del ingreso disponible	65% del ingreso disponible
Con segunda familia	50% del ingreso disponible	55% del ingreso disponible

Muchos estados siguen los límites federales, pero algunos contemplan una cantidad menor.

La retención puede usarse en el cumplimiento de una orden de manutención aún si el padre que paga vive en otro estado. La copia certificada de la orden simplemente se envía al empleador del padre que paga bajo las nuevas leyes federales. Los estados usan varios formularios para la orden.

Transferencia Electrónica de Fondos

La legislación de muchos estados está moviéndose hacia programas de transferencia electrónica de fondos. Los empleadores hoy proporcionan alrededor de un 70% de los cobros y es más fácil y más barato cobrar los fondos de esta manera. A través de la transferencia electrónica de fondos, los fondos se transfieren por Internet a cuentas específicas para distribución. Para el 2005, veintidós estados le proveen al padre pagador la oportunidad de pagar electrónicamente.

Prescripción del Cobro de Manutención

Algunos estados no cuentan con una norma de prescripción de munutención (o prescripción) dentro del cual se debe cobrar la manutención de niños atrasada. La prescripción del cobro de manutención varía de estado en estado.

Por Ejemplo: En Alaska, como en muchos estados, el plazo legal en el cual prescribe el cobro de la manutención de niños atrasada es de diez años computables a partir de que el niño cumpla los 18 años de edad. Idaho permite cinco años después de la mayoría de edad, así que la acción debe presentarse antes que el niño cumpla los 23 años de edad.

Esperar mucho tiempo para cobrar puede impedir la presentación o tramitación de su caso, así que considere sus opciones y asegúrese que usted esté consciente de la prescripción.

Cómo Cobrar Pagos Atrasados de Manutención de Niños

Algunos estados permiten que un adulto demande la manutención que él o ella no recibió como niño.

Por Ejemplo: En Arkansas, el niño tiene derecho a demandar por la deuda atrasada. (Vea Ark. Code Ann. Sec. 9-14-105.) En Misisipi, el niño o el padre con custodia tiene derecho a recurrir a acciones contra el padre que no cumple por la deuda atrasada de manutención de niños. (Vea *Brown v. Brown*, 822 So.2d 1119 (Miss. App. 2002).)

Sin Embargo, otros estados no permiten que el niño cobre sobre una deuda atrasada.

Por Ejemplo: La corte en *Moore v. Moore*, 79 P.3d 1137 (Ok. App. 2003) dijo que la razón subyacente por la cual un niño adulto no puede demandar por manutención es que el se presume que el pago de la deuda es reembolso al padre con custodia por sus gastos en la manutención de los niños, en lugar de ser, un pago en beneficio de los mismos niños.

Incumplimiento de Pagos y Visitas

Los asuntos de manutención de niños y de visitas, o de tiempo de crianza, son muy diferentes. El dejar de pagar la manutención no constituye una excusa para impedir al niño acceso a las visitas ordenadas por la corte. El encubrimiento u ocultamiento del niño por parte del padre que no goza de la custodia, en realidad puede constituir una revocación de la obligación de pagar la manutención de niños.

Una corte recientemente se negó a permitirle a una madre el cobrar la manutención de niños ordenada por la corte después que ella tomó y escondió al niño del padre por un periodo de trece años. En este caso, la madre obtuvo la orden de manutención de niños, pero luego se mudó fuera del estado y no dejó dirección de reenvío. Trece años más tarde, ella le solicitó a su estado comenzar a efectivizar el pago instruido en la orden. Se asignaron los ingresos del padre y se evaluó una deuda atrasada de más de $35.000. El padre pagó la deuda atrasada. La corte, sin embargo, hallo que el estaba exonerado de su deber de pagar debido al encubrimiento, el cual duró hasta que el niño cumplió los 18 años. (*Stanislaus County Dept. of Child Support Services v. Jensen*, 112 Cal.App.4th 453 (2003).)

Acerca de la Autora

Mary L. Boland recibió su título de abogado de la Escuela de Derecho John Marshal. Una defensora de las víctimas desde hace mucho tiempo, ella ha trabajado activamente para aprobar legislaciones que protegen los derechos de las víctimas y ha servido como consultora en varios proyectos federales. Ella ha sido presidenta del Comité de Victimas de la Sección de Justicia Criminal del Colegio de Abogados Americano (American Bar Association, ABA) y vicepresidenta del Comité de Asuntos de Víctimas del Colegio de Abogados Fiscales de Illinois. Actualmente, ella es miembro del Consejo de Justicia Criminal del ABA.

La Dra. Boland es un fiscal a tiempo completo y ha servido como miembro adjunto de la facultad de la Roosevelt University, la Governor's State University y la Escuela de Derecho de Loyola University en Chicago, Illinois.